Top im Job mit Soft Skills

Impressum

Bibliografische Information Der Deutschen Bibliothek
Die Deutsche Bibliothek verzeichnet diese Publikaton in der Deutschen Nationalbibliografie; detaillierte bibliografische Daten sind im Internet über http://dnb.ddb.de abrufbar.

BW Bildung und Wissen
Verlag und Software GmbH
Südwestpark 82
90449 Nürnberg
Tel. 0911 / 9676-175
Fax 0911 / 9676-189
E-Mail: serviceteam@bwverlag.de
http://www.bwverlag.de

Umschlaggestaltung: Ute Popp, Nürnberg
Layout und Satz: Markus Weber, Fürth
Druck: Druckhaus Oberpfalz, Amberg

ISBN 3-8214-7622-2

Ulla Dick

Top im Job mit Soft Skills

Soziale Kompetenz von A – Z

jobs ▪ business ▪ future
www.jobs-business-future.de
Bildung und Wissen Verlag

Für Günter

Inhalt

Vorwort

Examen abgeschlossen oder Berufsausbildung beendet? Gratulation zu diesem ersten Schritt und viel Erfolg bei der Suche nach Ihrem Traumjob, bei der ich Sie mit diesem Buch ein Stück begleiten möchte! Sie besorgen die Zeitungen mit den Stellenanzeigen oder rufen die entsprechenden Internetseiten auf und ich schaue Ihnen dabei über die Schulter und übersetze das Fachchinesisch der Personaler, die – glaubt man den Anzeigentexten – die Eier legende Wollmilchsau suchen.

Wenn Sie nämlich bislang davon ausgegangen sind, dass es ausreicht, fachlich top zu sein, um den Arbeitsplatz der Wahl zu finden, so muss ich Sie enttäuschen. Beste Noten und fachliche Kompetenzen werden vorausgesetzt, sie allein bestimmen jedoch weder darüber, ob man Arbeitgeber von sich überzeugen kann, noch über den weiteren beruflichen Erfolg. Intelligenz allein reicht für berufliches Vorankommen nicht – denn sonst wären die intelligenten Menschen ja automatisch immer die erfolgreichen.

Was ist es dann? Der häufig entscheidende Faktor sind die so genannten „Soft Skills“, die weitgehend deckungsgleich mit dem sind, was wir unter „sozialer Kompetenz“ verstehen. Worauf müssen Sie sich beispielsweise einstellen, wenn Ihr potenzieller Arbeitgeber von Ihnen interkulturelle Kompetenz erwartet? Reicht es aus, ihn damit zu beruhigen, dass Sie mit 25 Nationalitäten die Schulbank drückten oder dass ein Aupair-Mädchen aus Finnland einen Teil Ihrer Erziehung übernahm? Und was ist gar mit Humorpotential gemeint? Erwartet man von Ihnen, dass Sie beim Bewerbungsgespräch den neuesten Witz erzählen? Und bedeutet „Mobilität“ gar, dass Sie ein Auto besitzen sollen?

Wenn Ihnen die letzten Fragen Bauchschmerzen bereitet haben, dann ist dieses Buch genau das richtige für Sie! Alphabetisch nach Stichworten geordnet, finden Sie hier einen Überblick über die Soft Skills, die zum einen am häufigsten als Wunscheigenschaften und -fähigkeiten genannt werden. Zum anderen habe ich mir erlaubt, von den Soft Skills zu schreiben, die ich persönlich aus meiner Erfahrung als Trainerin, Coach und Mediatorin für wichtig halte.

Weshalb ist es wichtig, sich mit Soft Skills zu befassen? Im Sommer 2002 sah ich eine Fernsehreportage über ein Auswahlseminar für Auszubildende bei einem Chemiegiganten. Von sagenhaften 5000 Bewerbern sollten lediglich 50 genommen werden. Das aufwändige Suchverfahren schlug übrigens mit 5000 Euro pro Person zu Buche. Mal angenommen, die fachlichen Voraussetzungen sind vergleichbar, was glauben Sie wird dann ausschlaggebend dafür sein, wer den ersehnten Ausbildungsplatz bekommt? Sie ahnen es: die Soft Skills. Laut „Junge Karriere“ vom September 2001 braucht ein Personaler im Schnitt übrigens 30 Minuten, um zu entscheiden, ob der vor ihm sitzende Kandidat passt oder nicht. Wenn Sie da nicht über die nötigen Soft Skills verfügen, um für sich Punkte zu machen, geht die Jobsuche von vorne los! Und auch wenn Sie bereits beruflich arriviert sind, werden Soft Skills Sie weiter begleiten. Die meisten Menschen haben ihren Beruf aus fachlichen und sachlichen Gründen (Begabung, Interesse) gewählt. Die Gründe des Scheiterns liegen dann häufig dort, wo man sie nicht vermutet: In der Unfähigkeit, Bündnisse zu schließen und Netzwerke zu knüpfen, im mangelnden Engagement beim Umgang mit Kunden, im fehlenden Gespür für die Mitarbeiter. Und so gilt dann: Hired by ability, fired by personality.

Wie Sie von diesem Buch am meisten profitieren: Sie lesen es nicht wie einen Roman, also von A bis Z. Nutzen Sie es je nach Bedarf wie ein Nachschlagewerk, bei dem Sie einzelne Begriffe nachlesen, die Ihnen spanisch vorkommen. Bei nahezu jedem Stichwort wird durch Querverweise auf andere Begriffe ein Gesamtzusammenhang hergestellt. Sie werden sehen, in der Praxis hängt sowieso nahezu alles mit allem zusammen. Dann finden Sie am Ende jedes Kapitels Tipps für weiterführende Literatur, die ich zum Teil aufgrund eigener Erfahrungen weitergebe. Manche Titel wurden mir von Kollegen empfohlen, andere kenne ich durch Hinweise in der Fachpresse. An dieser Stelle finden Sie auch Tipps für Seminare und Schulungen.

Und nun wünsche ich Ihnen viel Erfolg bei der Entwicklung Ihrer Soft Skills!

Ulla Dick im Oktober 2002

Das ABC der Soft Skills

Aktives Zuhören

Im Zusammenhang mit dem Thema Kommunikation wird eine Fähigkeit häufig vernachlässigt, die man schlechthin für selbstverständlich hält: die Fähigkeit, richtig zuzuhören. Und damit ist jetzt nicht die sinnliche Fähigkeit gemeint, die ich aufgrund eines ausgezeichneten Gehörs habe und die mich von den Menschen unterscheidet, die lediglich über eine eingeschränkte Hörfähigkeit verfügen. Hier soll die Rede vom „aktiven" Zuhören sein, einer Zuhörqualität, die im Verlauf einer beruflichen Karriere in zahlreichen Fort- und Weiterbildungsveranstaltungen thematisiert wird.

Was ist mit „aktivem Zuhören" gemeint?

Beim aktiven Zuhören tritt man den Beweis an, dass man nicht nur die Botschaft des Senders aufgenommen, sondern sie auch wirklich verstanden hat. Dies geschieht, indem man die Botschaft mit eigenen Worten zurücksendet. Man könnte auch sagen, aktiv zuhören meint, dem anderen bewusst zuhören und konzentriert zwischen den Zeilen lesen. Es ist wichtig, eingestreute Signale und Botschaften wahrzunehmen und diese dem Sprecher auch bewusst zu machen. Aktive Zuhörer bemühen sich, dem Sprecher präzise mitzuteilen, was von seiner Nachricht bei ihnen angekommen ist. Sie verzichten auf Wertungen und Kommentare und konzentrieren sich auf das Gehörte, aber auch auf die immer – meist unbewusst – mitgesendeteten Gefühle des anderen. Dies eröffnet dem Sprecher die Chance, zu überprüfen, ob er sich verständlich gemacht hat. Sollten Diskrepanzen vorhanden sein, können diese unmittelbar korrigiert werden. Kommunikationsfehler werden aufgedeckt, was Missverständnissen entgegenwirkt. Somit wird also zum einen das sachliche Verständnis einer Nachricht überprüft. Zum anderen kann ich mit aktivem Zuhören auch zum Ausdruck bringen, dass ich den Gefühlszustand meines Gegenübers verstanden habe, indem ich darauf achte, was zwischen den Zeilen steht und was sich durch die Körpersprache (Mimik, Gestik) mitteilt.

Woran erkennt man Menschen, die aktiv zuhören?

Aktive Zuhörer zeichnen sich dadurch aus, dass sie die uneingeschränkte Bereitschaft mitbringen, anderen zuzuhören und sich zeitweise zurückzunehmen. Quasselstrippen, die vorrangig damit beschäftigt sind, ihren Sprechspeicher zu leeren, werden sich schwer damit tun. Die Voraussetzung für das Sich-Zurücknehmen ist das prinzipielle Interesse an der anderen Person und die Bereitschaft, diesen anderen Menschen und seine einzigartige Sicht der Welt zu respektieren. Aktives Zuhören besteht aus verschiedenen Schritten:

- Der Sender (Sprecher) sendet eine Nachricht. Dies kann ein einzelner Satz sein, mehrere Sätze, aber auch ein Monolog. Der Empfänger (Hörer) hört aufmerksam zu, ohne zu unterbrechen und ermuntert den Sender durch Kopfnicken, kurze Bemerkungen wie „hm“, „ja“, „ach so“, „das ist ja interessant“ dazu weiterzusprechen.

- Der Empfänger entschlüsselt die Botschaft des Senders und wiederholt das Gehörte mit eigenen Worten: „Wenn ich Sie richtig verstanden habe...“, „Sie meinen also...“, „Mit anderen Worten...“. Auch spricht er die Gefühlslage des anderen an: „Ich kann mir vorstellen, dass Sie nun sehr enttäuscht sind...“, „Das muss ja fürchterlich für Sie gewesen sein...“, „An Ihrer Stelle hätte ich mich auch sehr geärgert...“.

- Die Reaktion des Senders zeigt nun, ob der Empfänger mit seiner Annahme richtig lag: „Genauso ist es...“, oder aber „Nein, so war das nicht gemeint, vielmehr...“.

Wieso ist aktives Zuhören so wichtig?

Wenn wir aktives Zuhören praktizieren, zeigen wir nicht nur, dass wir versuchen, den anderen richtig zu verstehen, dass wir also auf seiner Seite sind. Es trägt auch wesentlich dazu bei, Missverständnisse zu vermeiden, nicht aneinander vorbeizureden und somit Kommunikation effektiv zu machen. Aktives Zuhören gehört zu den wichtigsten Fähigkeiten, über die Sie im Beruf verfügen müssen. Vor allem dann, wenn Sie Personalverantwortung tragen wollen, also angehende Führungskraft sind. Aber auch in Konferenzen, Meetings und Besprechungen müssen Sie diese Technik einsetzen. Sie hilft Ihnen dabei, die Dinge richtig zu verstehen. Problemgespräche kommen letztendlich ohne aktives Zuhören nicht aus, sonst sind sie Standpauken.

Mit aktivem Zuhören beweisen Sie Ihren Respekt vor anderen Menschen und schaffen damit die Basis für einen echten, vertrauensvollen Dialog. Mit aktivem Zuhören werden Sie aber auch als Privatperson viele bereichernde Gespräche führen können, die sich fernab von den „Ich-weiß-schon-was-du-mir-jetzt-sagen-willst-Gesprächen“ bewegen, die dem Gesprächspartner signalisieren: „Da ich so schlau bin, deine Gedanken zu lesen, brauche ich dir auch nicht zuzuhören und kann stattdessen meine Gegenargumente vorbereiten, während du redest“. Diese Haltung kommt im verbalen Schlagabtausch zum Ausdruck. Sie führt nur dazu, dass jeder zwar eigene Argumente vorbringt, man einander jedoch nicht wirklich versteht oder einander gar nahe kommt.

Kann man aktives Zuhören lernen?

Aktives Zuhören muss man meistens lernen. In der Tat sind nur wenige Menschen von Haus aus so empathisch, dass sie ein natürliches Zuhörtalent haben. Die Frage ist also nicht ob, sondern wo man aktives Zuhören lernen kann. Ich erwähnte bereits die zahlreichen Seminarveranstaltungen, zu denen die meisten Berufstätigen im Rahmen der Personalentwicklung ihres Unternehmens geschickt werden. Dort erfahren Sie jedoch allenfalls, was sich hinter dem Begriff „aktives Zuhören" verbirgt und wie man es macht. Die Praxis, das Leben, lehrt Sie letztendlich, richtig aktiv zuzuhören. Sie können aber auch selbst einiges tun, um Ihr Zuhörtalent zu trainieren.

Ich schlage Ihnen folgende Übung vor: Suchen Sie sich einen Gesprächspartner oder eine Gesprächspartnerin, vielleicht Ihren Freund oder Ihre Freundin, ein Familienmitglied oder jemanden aus Ihrem Kollegenkreis. Es sollte auf jeden Fall ein Mensch sein, zu dem Sie einen guten Draht haben. Finden Sie gemeinsam ein Thema, über das Sie beide sprechen, diskutieren oder auch streiten möchten. Sport, Kino, Klatsch und Tratsch aus der Firma. Nun achten Sie ganz besonders auf Ihr Verhalten während der Unterhaltung. Wenn Sie sich an die Regeln des aktiven Zuhörens halten, wird Ihnen das Gespräch möglicherweise komisch oder gestelzt vorkommen. Das sollte Sie aber nicht davon abhalten weiterzumachen. Denn als Sie Autofahren lernten, war zu Beginn auch alles komisch und ungewohnt und Sie mussten auf jeden Schritt genau achten. Schließlich ging Ihnen das Schalten und Kuppeln in Fleisch und Blut über. Heute tun Sie es, ohne darüber nachzudenken. So wird es Ihnen auch gehen, wenn Sie das aktive Zuhören in Ihr Verhaltensrepertoire aufnehmen und als Werkzeug für eine zielführende Gesprächsführung nutzen.

Es geht los: Sie hören Ihrem Gegenüber aufmerksam zu. Dazu gehört auch, dass Sie ihn anschauen, nicht aber anstarren, also Blickkontakt halten, die Augen nicht im Raum umherschweifen lassen oder auf die Uhr schauen. Sie unterbrechen nicht und sind ganz beim anderen und denken nicht schon jetzt über eine Antwort, ein Gegenargument nach. Das erfordert Geduld und zwingt sehr temperamentvolle Menschen dazu, sich zu zügeln. Statt dem anderen ins Wort zu fallen, machen Sie sich eventuell eine Notiz, damit Sie ihre Antwort nicht vergessen. Aufmerksamkeit können Sie signalisieren, indem Sie mit dem Kopf nicken und das Gesagte unterstreichen durch Bemerkungen wie „Ach so“ oder „ist ja interessant“. Natürlich nur da, wo‘s hinpasst!

Ein Beispiel aus dem Berufsleben: Sie teilen Ihr Büro mit der jungen Auszubildenden Sabine, die offensichtlich bedrückt ist. Es könnte sich folgender Dialog (a) ergeben: „Was ist denn los? Ist dir eine Laus über die Leber gelaufen, du siehst ja aus wie zehn Tage Regenwetter!“ Man hört den Vorwurf, der in der Bemerkung liegt und signalisiert: Lach‘ gefälligst, dann mag ich dich lieber! Vermutlich keine Stimmung, in der die junge Frau darüber reden wird, was Sie belastet.

Die folgende Intervention (b) zieht eine andere Reaktion nach sich: „Sag mal, du wirkst heute so bedrückt auf mich. Gibt es was, was du gern los werden möchtest oder wobei ich dir helfen kann?“ Stellen wir uns den Dialog weiter vor. Die Antwort auf Frage (a) könnte wie folgt lauten: „Kannst ja woanders hingucken, wenn´s dich nervt.“ Diese flappsige Erwiderung zieht möglicherweise einen Streit nach sich. Die Gesprächseröffnung (b) könnte diese Antwort nach sich ziehen: „Mir geht es wirklich nicht gut. Ich weiß nicht, ob ich die Berufsschule schaffe, ich habe gestern eine Fünf zurückbekommen.“

An diesem Punkt des Dialogs sieht ein Zuhörverhalten, das nichts mit aktivem Zuhören zu tun hat, wie folgt aus: „Mach dir nichts draus, ich habe auch eine Ehrenrunde gedreht. Das gehört dazu. Und schließlich bist du ja auch noch jung genug.“ Wie es der Auszubildenden mit dieser Antwort wohl geht? Ein aktiv zuhörender Kollege hingegen würde antworten: „Hm, verstehe. Kann ich gut nachvollziehen, dass dich das bedrückt. Ich glaube, das ginge mir auch unter die Haut. Wer verlängert schon gern die Ausbildungszeit. Kannst du dir vorstellen, dass einer der Kollegen dir fachlich weiterhelfen könnte?“ Keine Frage: Besser aufgehoben ist die Auszubildende Sabine sicher beim letzten Kollegen, der deutlich ihre Gefühlslage widerspiegelt und sich nicht in Belehrungen ergeht.

Hier noch einige Beispiele dafür, wie aktives Zuhören im Berufsleben Gewinn bringend eingesetzt werden kann: Im ersten Beispiel werden Sie gebeten, den Streit zweier Mitarbeiterinnen zu schlichten: Kollegin A: „Ich lass‘ es mir nicht gefallen, von Ihnen vor Kunden so runtergeputzt zu werden!“ Kollegin B: „Schließlich haben Sie der Kundin etwas Falsches gesagt.“ Ihre aktive Zuhörantwort ist: „Frau Müller, wenn ich das richtig sehe, fühlen Sie sich bloßgestellt, weil Sie vor Kunden kritisiert wurden. Ist das so?“

Sie werden von einem Mitarbeiter angesprochen, der ansonsten recht zurückhalten ist. „Mir ist da neulich beim Einparken auf dem Hof etwas aufgefallen, was sich verbessern ließe. Und zwar schlage ich vor, dass...“ Sie antworten: „Das hört sich spannend an; das Parkproblem ist ja bislang ungelöst. Wenn ich Ihren Vorschlag richtig interpretiere, wollen Sie also...“

Eine Mitarbeiterin, Frau Huber, steht vor Ihnen und äußert mit leiser und belegter Stimme folgende Bitte: „Kann ich morgen wohl einen Tag Urlaub haben?“ Besorgt sagen Sie: „Da scheint ja bei Ihnen etwas passiert zu sein. Ich dachte schon heute Morgen: Frau Huber sieht aber schlecht aus! Natürlich können Sie einen Tag Urlaub nehmen. Lassen Sie es mich wissen, wenn ich noch etwas für Sie tun kann!“

Schlagen Sie auch nach bei

→ Dialogfähigkeit
→ Empathie

Literaturhinweis

Holzheu, Harry. *Aktiv zuhören – besser verkaufen.* mvg 2000

Belastbarkeit und Stresskompetenz

Wenn in Stellenanzeigen für Positionen geworben wird, taucht oft die Formulierung auf: „Wir erwarten von Ihnen hohe Belastbarkeit“. Auch in Vorstellungsgesprächen wird gefragt: „Sind Sie belastbar?“ Wer nach dem Studium zum ersten Mal den Arbeitsmarkt betritt und aufgrund des jugendlichen Alters noch wenig Erfahrungen mit dem Arbeitsleben hat, wird sich nicht vorstellen können, wie diese Frage gemeint ist und wird vielleicht vollmundig und übereilt mit „natürlich“ antworten. Angesichts von Globalisierung, Just-in-time-Produktion, neuen Technologien, hoher Arbeitslosigkeit, verkürzten Produktionszyklen, Dezentralisierung und starkem Kostendruck in den Unternehmen werden immer mehr Aufgaben von immer weniger Menschen in immer kürzerer Zeit erledigt. Und dies häufig über einen längeren Zeitraum hinweg und nicht als Zwischenlösung. Schon jetzt klagt mehr als die Hälfte der Arbeitnehmer über hohen Stress. Erwartet wird jedoch der allseits einsetzbare und mobile Mitarbeiter, der vor allem eines ist: belastbar und stressresistent.

Was ist mit „Belastbarkeit“ gemeint?

Belastbarkeit ist eine Umschreibung für die Fähigkeit, mit Spannungen und Stress nicht nur im Beruf, sondern auch im Alltag umgehen zu können und dabei die körperlichen, geistigen und psychischen Ressourcen effektiv zu nutzen. Man kann Belastbarkeit also durchaus auch mit „Stresskompetenz“ beschreiben, wobei „Stress“ ein Begriff ist, den wir seit langem kennen. Er hat unseren Alltag nicht nur sprachlich durchdrungen, sondern ist ein zentrales Phänomen unserer Leistungsgesellschaft. Die Weltgesundheitsorganisation hat Stress zu einer der größten Gesundheitsgefahren des 21. Jahrhunderts erklärt. Nach Definition der Europäischen Kommission aus dem Jahre 1997 wird arbeitsbedingter Stress verstanden als „emotionale und psychophysiologische Reaktion auf ungünstige und schädliche Aspekte der Arbeit, des Arbeitsumfelds und der Arbeitsorganisation. Stress ist ein Zustand, der durch hohe Aktivierungs- und Belastungsniveaus gekennzeichnet ist und oft mit dem Gefühl einhergeht, man könne die Situation nicht bewältigen.“

Stress wird ausgelöst durch äußere Stressoren wie Termindruck, Zeitnot, Konflikte, Telefonklingeln, Lärm, Menschenansammlungen, im Stau stehen, einen ungeduldigen Chef oder eine anstehende Prüfung. Es handelt sich in der Regel also um negativ besetzte Auslöser. Aber auch durchaus erwünschte und positiv eingeschätzte Dinge erzeugen Stress. Erinnern Sie sich an Ihre Hochzeit, die Geburt Ihres ersten Kindes, das neue Auto oder die letzte Urlaubsreise? Auch hier handelt es sich um Stress, der in der Fachsprache dann „Eustress“ (positiver Stress) genannt wird. Allgemein gilt jedoch: Spricht man von Stress, ist der negativ besetzte Stress, der „Distress“ gemeint.

Neben äußeren Faktoren, die wir zum Teil nicht beeinflussen können, sind innere Stressoren ein nicht unerheblicher Faktor, der dazu beiträgt, dass wir uns nicht wohl fühlen. Dies sind vor allem selbstschädigende Einstellungen, die wir ändern und dadurch den Stress mindern können. Dazu gehören:

- Erlernte Hilflosigkeit: Man geht von vornherein davon aus, dass man eine Situation sowieso nicht ändern kann und versucht es erst gar nicht.

- Unrealistische Erwartungen oder Perfektionismus: Man ist davon überzeugt, dass es immer noch perfektere Lösungen gibt.

- Anforderungen werden übersteigert negativ eingeschätzt: „Das Schrecklichste, was einem passieren kann...“

- Man erwartet immer das Schlimmste: Beim Skifahren denken Sie nur daran, dass Sie stürzen könnten. Sie konzentrieren sich darauf, nicht zu stürzen und... na was wohl? Sie stürzen!

- Schwarz-Weiß-Denken mit den Vokabeln „immer" (...bin ich der Depp), „alles" (...geht bei mir immer schief), „alle" (...sind besser als ich), „sicher" (...werde ich keinen Parkplatz finden), „nie" (...werde ich zufrieden sein), „keiner" (...wird mich je lieben).

- Der Anspruch an die eigene Person ist zu hoch: Man nimmt sich zu viel vor, was dazu führt, dass manches nicht gelingt. Deshalb wertet man sich selbst ab, und das Misserfolgserlebnis provoziert Stress.

Auf der einen Seite ist Stress durchaus negativ und unerwünscht, auf der anderen Seite brauchen wir ihn, denn er stimuliert Körper und Geist, und ohne Stress lernen wir nichts Neues. Kennen Sie das: Sie hatten eine tüchtige Grippe, die Sie eine Woche ins Bett zwang. Als Sie danach zum ersten Mal wieder im Fitness-Studio waren, stellten Sie fest, dass schon die geringste körperliche Anstrengung Sie derart erschöpfte, dass Sie Ihr Training abbrechen mussten. Sie waren körperlich nicht mehr leistungsfähig, da Ihre Muskeln sich schon nach der kurzen Schonzeit zurückgebildet hatten. Ähnlich ist es mit psychischen Belastungen, die wir in einem gewissen Umfang immer brauchen, um uns neuen Bedingungen anzupassen und neues Verhalten zu erlernen. Wir brauchen sozusagen ein gewisses Stressniveau, um zu funktionieren. Erst dann sind wir hellwach und aufmerksam, vorausgesetzt wir fühlen uns nicht überfordert. Es geht also weniger darum, Stress völlig zu vermeiden, als darum, besser mit ihm umzugehen.

Was geschieht eigentlich bei Stress?

Stress ist eine natürliche Reaktion auf äußere Belastungen aller Art, mit denen das Gefühl verbunden ist, einer Situation nicht gewachsen, also überfordert zu sein. Die Prozesse, die bei Stress automatisch im Körper ablaufen, stimmen weitgehend mit denen überein, die unsere im Busch lebenden Ahnen bei Gefahr erlebten. Versetzen wir uns einmal in ihre Situation: Sobald es im Gebüsch knackte und man nicht wusste, ob es sich um ein gefährliches Tier oder nur um ein Eichhörnchen handelte, wurde der gesamte Organismus in Alarmbereitschaft versetzt mit dem Ziel, entweder in den Kampf um die Existenz zu treten oder gar zu fliehen. Für beide Möglichkeiten brauchte der Körper Energie und Sauerstoff, die ihm aufgrund sehr komplexer chemischer Vorgänge blitzschnell zur Verfügung gestellt wurden. Über die Sinnesorgane wie Ohren, Augen und Nase wurde die Information „Gefahr“ zum Gehirn geleitet. In Sekundenschnelle sorgten Botenstoffe dafür, dass der Körper in Handlungsbereitschaft versetzt wurde: Die Muskulatur wurde angespannt, der Herzschlag beschleunigte sich, Arterien wurden weit gestellt, damit mehr Blut in einzelne Regionen fließen konnte. Andererseits wurden die körperlichen Prozesse heruntergefahren, die jetzt zum Überleben nicht notwendig waren, zum Beispiel die Verdauung, Hunger, Durst und der Sexualtrieb.

Was sind die Folgen von Stress?

Das körperliche Stress-Management unserer Ahnen war höchst wirkungsvoll, denn wäre dies nicht so gewesen, hätte die Gattung Mensch nicht überlebt. Es ging ja um Leben oder Tod. Die Crux für uns: Das physiologische Stressprogramm läuft genauso wie früher, die Anlässe sind jedoch gänzlich andere. Es geht nicht mehr darum, den nächstbesten Baum zu erreichen, um sich vor einem wilden Tier in Sicherheit zu bringen. Wir haben weniger Sorge um unser Leben als um unsere Existenz. Wir sind im Stress, weil wir ein Vorstellungsgespräch oder eine wichtige Prüfung haben, weil uns gekündigt wurde, unser Chef den Fortschritt unseres Projekts prüfen will, der Vorstand möchte, dass wir die einleitenden Worte bei der Aktionärsversammlung sprechen, oder weil wir beim Bankengespräch unbedingt den Kredit für unser erstes Geschäft beantragen wollen. Also Aufregungen der besonderen Art. Überleben werden wir diese Situationen allemal, auch dann, wenn das Ergebnis vielleicht nicht das Erwünschte ist. Dennoch läuft bei uns dasselbe Stressprogramm ab als befänden wir uns auf der Flucht oder im Kampf.

Aber was geschieht nach der Stresssituation mit unserem Körper, der auf Mobilmachung eingerichtet wurde? Wohl dem, der nach der Arbeit mit Inline-Skates oder joggend nach Hause kommt und somit den Körper wieder in eine Balance bringt und wohl dem, der Stress nur ab und zu einmal erlebt und bei dem der Körper die Möglichkeit hat, aufgrund von sportlicher Betätigung wieder auf einem normalen Erregungsniveau anzukommen, in der so genannten „Erholungsphase“. Schlimm allerdings für die Menschen, die unter hohem Dauerstress und Belastungen leiden und bei denen diese Erholungsphasen nicht mehr vorkommen. Ein Ereignis jagt das nächste. Der Mensch kann sich nicht mehr physisch oder psychisch regenerieren, was die Basis für körperliche und geistige Gesundheit ist. Ergebnis: Dauerstress hat erhebliche negative Auswirkungen auf Körper und Geist.

Wie reagieren Menschen auf Stress?

Wie Menschen auf Stress reagieren, ist höchst individuell. Zum einen bestimmen genetische Faktoren darüber, zum anderen wird der Umgang mit Stress erlernt und beobachtet. Besonders stressanfällig sind übrigens die Typ-A-Persönlichkeiten, die sich durch Erfolgsorientierung und Ehrgeiz, Unruhe und Ungeduld auszeichnen. Sie sind die typischen Herzinfarkt-Kandidaten. Aus Studien weiß man zudem, dass Stress nicht – wie man lange vermutete – vorrangig Manager und Führungskräfte trifft („Manager-Krankheit"). Das Gegenteil trifft zu. Menschen mit eher geringen Kontrollmöglichkeiten in Bezug auf die Arbeit, Menschen, die also vorwiegend auf Anweisung hin tätig sind, Menschen, die überfordert aber auch unterfordert sind und die dies als Bedrohung empfinden („Wenn ich meinen Job nicht schaffe, erhalte ich weniger Akkordlohn"), sind die typischen Stress-Gefährdeten. Ein hohes Arbeitsaufkommen, das man sich selbst einteilen kann, wirkt also nicht per se krank machend. Dies betrifft vor allem Führungspositionen, wo in der Regel mehr Entscheidungsfreiheit besteht als bei untergeordneten Positionen. Dazu der Medizinsoziologe Johannes Siegrist in einem Interview (*Geo* 3/2002): „Solange ich frei entscheiden kann, wie viel ich mir zumute, würde ich nicht von Stress sprechen. Sondern nur dann, wenn der Druck von außen kommt und es unangenehme Folgen hat, wenn ich dem nicht nachkomme."

Stressempfinden ist übrigens keine typisch menschliche Eigenart. Auch Tiere erleben Stress mit seinen Folgen. Denken Sie nur an die armen Geschöpfe, die sich isoliert in Legebatterien befinden, allein reduziert aufs Eierlegen. Oder an die noch sinnloser gehaltenen Nerze in winzigen Käfigen. Sie beginnen damit, sich gegenseitig anzuknabbern. Seit langem weiß man auch von der Stressanfälligkeit bei Schweinen. Das Fleisch der durch den Transport gestressten Tiere (Enge, Lärm) ist von wesentlich schlechterer Qualität als das der Tiere, die zu Fuß zum Schlachthof geführt werden.

Sind Sie gestresst?

Stress ist ein höchst individuelles Geschehen, das sich auf der körperlichen und der seelischen Ebene abspielen kann. Jeder Mensch reagiert in Stresssituationen anders. Gibt es in der nachfolgenden Liste Punkte, die aktuell oder in den letzten Wochen auf Sie zutreffen? Kreuzen Sie diese an und überlegen Sie sich, wie häufig diese Erscheinungen bei Ihnen vorkommen.

- ☐ Muskelverspannungen (Schulter, Nacken, Rücken)
- ☐ Sich zerschlagen fühlen („kaputt sein“)
- ☐ Alles nur in Eile verrichten
- ☐ Konzentrationsstörungen (mehr Fehler machen, vergessen)
- ☐ Verdauungsstörungen
- ☐ Herzstechen
- ☐ Herzrhythmusstörungen
- ☐ Nicht abschalten können
- ☐ Häufiges Schwitzen oder Frieren
- ☐ Schlafstörungen
- ☐ Angstgefühle
- ☐ Tendenz, sich drücken zu wollen
- ☐ Kurzatmigkeit
- ☐ Sich überfordert fühlen
- ☐ Keine Lust auf Sex
- ☐ Depressiv sein
- ☐ Schwindelgefühle
- ☐ Zunahme von Genussgiften wie Zigaretten oder Alkohol
- ☐ Kopfschmerzen, Migräne
- ☐ Lidzucken
- ☐ Bluthochdruck
- ☐ Mehr Medikamente als üblich nehmen
- ☐ Aggressionen und Gereiztheit
- ☐ Kein Appetit oder mehr Appetit
- ☐ Angespanntheit und Nervosität
- ☐ Verdauungsprobleme wie Verstopfung, Durchfall, Blähungen
- ☐ Drogenmissbrauch
- ☐ Emotionale Übererregbarkeit
- ☐ Erschöpfung
- ☐ Häufiger Harndrang
- ☐ Geschwächte Immunabwehr (häufige Erkältungen, erhöhte Infektionsanfälligkeit)
- ☐ Magenschmerzen
- ☐ Mundtrockenheit

Jedes Kreuz ist schon ein Alarmsignal. Je mehr Kreuze Sie gemacht haben, um so gestresster sind Sie möglicherweise. Analysieren Sie Ihre Situation und ziehen Sie die Notbremse. Wenn es Ihnen nicht gelingt, den Stressor zu neutralisieren, sollten Sie unbedingt für körperlichen und seelischen Ausgleich sorgen. Machen Sie mehr Dinge, die Ihnen gut tun!

Wie gelingt es, besser mit Belastungen umzugehen?

Wenn Sie hoffen, ich könnte Ihnen Tipps nach dem Motto „Stress weg in drei Minuten“ anbieten, muss ich Sie leider enttäuschen. Dauerhafte Stressbewältigung ist ein Projekt, dem Sie sich stellen müssen und das Konsequenz erfordert. Sie selbst kennen sich am besten und wissen, wo der Schuh am häufigsten drückt, das heißt, wo Ihre persönlichen Stressfallen sind.

Sagen Sie auch mal Nein

Stress entsteht dann, wenn Sie ja sagen und nein meinen! Auf den ersten Blick scheint es einfacher zu sein, den lieben Kollegen keinen Wunsch abzuschlagen und auch für den Chef stets zu Diensten zu sein. Auf Dauer wird es Sie jedoch stören, wenn alle anderen fertig sind und sich zum Feierabend rüsten, während Sie noch Dinge erledigen, die eigentlich nicht in Ihren Bereich fallen. Irgendwann wird Ihnen dann vielleicht klar, dass man Sie gnadenlos ausgenutzt hat, während Sie sich freuten, „Everybodies Darling“ zu sein. Nun sind Sie stattdessen „Everybodies Depp“ und das ist gut so, weil Sie jetzt von selbst darauf kommen, dass das kleine Wörtchen mit vier Buchstaben Ihnen manchen Stress ersparen kann. Denken Sie also ruhig mal öfter an Ihre eigenen Aufgaben und sagen Sie den nervenden Kollegen, die zu faul sind, freundlich aber bestimmt: „Ich würde dir ja gern helfen, aber bei mir türmen sich Berge von Arbeit, du verstehst das doch?“ Und ansonsten gilt, was Sie dazu im Kapitel → „Selbstdisziplin“ finden.

Entdecken Sie die Langsamkeit

Im Mittelalter benötigten die Menschen aus ganz Europa zum Teil Jahre, um nach Santiago de Compostela zu pilgern. Heutzutage fehlt diese Muße. Im Gegenteil: Transrapid und superschnelle Flugzeuge wie die Concorde ermöglichen das Erreichen von Zielen in Ultrakurzzeit. Modetrends ändern sich nahezu täglich, die Halbwertszeit von PC-Programmen ist so kurz, dass man kaum noch hinterherkommt. Beim Essen ist Fast Food angesagt, wo früher stundenlang in den Küchen gestanden wurde. Nicht jede Neuerung ist verwerflich oder von Nachteil. Dennoch bedeutet schnell-schneller-am schnellsten auch: Sicherheitsrisiken und Fehlerhäufigkeit erhöhen sich (siehe Elchtest bei Mercedes). Nicht alle können mithalten, man trennt sich von „langsamen" Mitarbeitern. Unter Stressbedingungen sinkt die Kreativität. Krankheitsrisiken steigen. Die Naturrhythmen werden missachtet, weil der Mensch biologisch nicht auf die erhöhte Geschwindigkeit in nahezu allen Lebensbereichen eingestellt ist (die elementaren menschlichen Vorgänge, zum Beispiel der weibliche Zyklus oder die Dauer einer Schwangerschaft, benötigen genauso viel Zeit wie früher).

Das Laptop-am-Strand-Syndrom lässt uns zu allen Zeiten überall für unsere Chefs, Kollegen und Kunden verfügbar sein. Die Arbeit lässt sich überallhin mitnehmen, das Handy klingelt an jedem Ort der Welt. Immer mehr Dinge werden auf einmal erledigt. Immer zuviel und nichts richtig ist häufig die Konsequenz. Wer ständig unter Zeitnot leidet, sollte nicht versuchen, immer schneller zu werden, sondern die richtigen Dinge zur richtigen Zeit im richtigen Tempo zu tun. Es geht also hier nicht um unkritische Beschleunigung, sondern um Entschleunigung, nicht allein um effektives Arbeiten, sondern darüber hinaus um effizientes Arbeiten. Was ist Entschleunigung? Machen Sie Dinge bewusst langsam. Je mehr Sie im Beruf gedrängt oder gehetzt werden, um so ruhiger sollten Sie Ihre Freizeit angehen (Auszeiten nehmen, nicht alles verplanen). Konzentrieren Sie sich auf das Wesentliche, denken Sie daran: Weniger ist oft mehr. Nehmen Sie sich bei Zeitknappheit erst recht Zeit.

Wenn Sie unbedingt etwas langsamer werden möchten, weil dies wesentlich gesünder ist, stellen Sie sich folgende Fragen:

- Wo hat sich Ihr Leben durch Beschleunigung verändert?
- Wo entstanden dadurch zusätzliche Stressfallen?
- Wer hat die Beschleunigung verursacht?
- Wo können Sie mehr Zeit für sich einplanen und sich mehr Zeit lassen?
- Was sind Ihre nächsten Schritte, um stressfreier durchs Leben zu gehen?

Verändern Sie Ihre Einstellung

Ich kann Stress reduzieren, indem ich den Stressor verändere oder ihm aus dem Weg gehe (zum Beispiel Lärm oder Menschenansammlungen). Sehr wirkungsvoll ist meines Erachtens die Veränderung der Einstellung, also der Gedanken und Bewertungen dann, wenn die Stresssituation nicht verändert werden kann (oder soll). Aber auch, wenn die Gedanken selbst wiederum Stress erzeugen, sollten diese als Stresserzeuger verändert werden.

Hierzu das erste Beispiel: Sie haben einen chaotischen und somit sehr stressenden Chef, der alle nervt. Am liebsten würden Sie kündigen, dennoch entscheiden Sie sich dagegen, da Ihnen der Job Spaß macht, das Gehalt stimmt und die Kollegen nett sind. Sie beschließen, seine Marotten in Kauf zu nehmen und sich nicht weiter über ihn zu ärgern. Sie verändern also Ihre Einstellung.

Auch im zweiten Beispiel ist die gedankliche Umorientierung der erste Schritt der Stressauflösung: Sie müssen eine Prüfung absolvieren und führen in den Wochen davor negative

Selbstgespräche: „Bestimmt geht es daneben... der Stoff war auch zu schwer... du bist zu doof... kein Wunder, wenn du die Prüfung nicht bestehst.“ Ihre Einstellung ändern Sie, als eine Freundin Sie auf Ihren hausgemachten Stressor anspricht. Sie reden nun so mit sich: „Okay, die Prüfung wird nicht leicht sein, aber ich werde es versuchen und mich freuen, wenn ich es schaffe, statt mir vorab schon das Leben schwer zu machen...“

Damit Sie eine ungesunde, Stress fördernde Einstellung verändern können, müssen Sie diese zunächst erkennen. Mögliche Vorgehensweisen dabei sind:

- Beschreiben Sie die konkrete Stresssituation, ohne jede Bewertung oder Interpretation.
- Beobachten Sie sich kritisch. Wie erleben Sie die Situation, was schießt Ihnen durch den Kopf, was fühlen Sie?
- Führen Sie Gespräche mit guten Bekannten: Wie siehst du mich, womit mache ich mir in deinen Augen das Leben schwer?
- Beobachten Sie, wie andere mit ähnlichen Situationen umgehen. Sind sie lockerer? Was machen sie anders, wie beschreiben sie derartige Situationen?
- Nehmen Sie die Position eines neutralen Beobachters ein und stellen Sie sich die folgenden Fragen: Wie würde ein neutraler Beobachter die Situation sehen? Wie sprechen Sie mit sich selbst? Was glauben Sie wirklich? Welche Erwartungen und/oder Befürchtungen haben Sie? Wie werden Sie von anderen wahrgenommen? Wer ist für Ihre Probleme verantwortlich? Was fühlen Sie?

Die nachfolgende Auflistung Stress erzeugender Gedanken kann Ihnen bei der Selbstreflexion helfen: Welche Gedanken kennen Sie?

- Ich kann es nicht mehr ertragen.
- Keiner hat das Recht, mich zu kritisieren.
- Ich bin vom Pech verfolgt.
- Ich muss besser sein als die anderen
- Ich darf niemandem wehtun.
- Die anderen sind besser dran als ich.
- Ich bin für alles verantwortlich.
- Man kann sich auf niemanden verlassen.
- Die anderen sind besser, schöner, stärker als ich.
- Es ist wichtig, dass ich immer die volle Kontrolle über alles habe.
- Ich bin an allem Schuld.
- Es gibt nichts Schlimmeres, als Fehler zu machen.
- Es gibt immer eine perfekte Lösung.

Haben Sie Ihre eigenen Gedanken wiedergefunden? Einen Hinweis darauf, ob Ihre Einstellung vernünftig ist, geben Ihnen Ihre Antworten auf diese Fragen: Hat Ihre Einstellung einen Bezug zur Realität? Welche Konsequenzen erwachsen aus ihr? Liegen Ihren Gedanken Stress erzeugende oder Stress aufrechterhaltende Einstellungen zu Grunde. Stellen Sie sich folgende Fragen:

- Sehe ich häufig nur die negativen Seiten einer Situation?
- Neige ich dazu zu verallgemeinern?
- Habe ich zu hohe oder falsche Erwartungen?
- Führe ich durch meine Befürchtungen unangenehme Situationen herbei?
- Schreibe ich meine Probleme der Umwelt zu?
- Fühle ich mich des öfteren hilflos?
- Dramatisiere und übertreibe ich?
- Was würde ein anderer Mensch zu meiner Einstellung sagen?
- Wie wird die gleiche Situation von anderen gesehen?

Wenn Sie nun festgestellt haben, dass Sie sich Ihren Stress durch negative Gedanken und Einstellungen selbst machen, ist es nützlich, diese so zu verwandeln, dass sie Ihren Stress reduzieren. Dies bedeutet allerdings nicht, sich etwas einzureden, was der eigenen Person völlig widerspricht. Eine Gefahr dabei wäre: Man glaubt nicht an die neuen Denkmuster und verfällt schnell wieder in die alte Routine. Neue Bewertungen sollten gerade da ansetzen, wo die Unangemessenheit der alten Einstellung besonders augenfällig ist. Folgende Fragen helfen Ihnen weiter:

- Habe ich einen Beweis dafür, dass meine Einstellung wirklich richtig ist?
- Wie könnte ich die Situation anders betrachten?
- Welche Tipps würde mir ein neutraler Beobachter geben?
- Wie werde ich später / in einem Monat / in einem Jahr über die stressige Situation denken?

Es ist also gar nicht so schwer, den hausgemachten Stress zu verändern. Unter der Voraussetzung allerdings, dass Sie stets daran arbeiten.

Mentale Stresspräventions-Übung:
Wie oben beschrieben, erzeugen wir uns unseren Stress durch falsche Gedanken zum Teil selbst. Anders herum betrachtet bedeutet dies aber auch, dass wir uns mental entstressen können. Wie das geht, will ich Ihnen nun zeigen.

Suchen Sie sich einen ruhigen Platz, an dem Sie entspannt sitzen oder liegen können. Sorgen Sie dafür, dass Sie niemand stört. Machen Sie diese Übung mehrmals vor einem Ereignis, dass Sie stresst, zum Beispiel vor der Führerscheinprüfung, vor dem ersten öffentlichen Vortrag oder einem wichtigen Vorstellungsgespräch. Diese Übung ist gut geeignet, für alle, die fantasiebegabt sind und sich darauf einlassen können.

Am besten schließen Sie die Augen. Stellen Sie sich nun eine Situation vor, in der Sie sich rundum wohl fühlen. Zum Beispiel wie Sie am Strand in der Sonne liegen, auf einen Gipfel steigen, im Wald die Vögel hören, Sport reiben, mit dem Liebsten zusammen sind, einen Preis gewinnen, den Chef begeistern, mit einem Buch gemütlich zu Hause sitzen oder lecker essen. Versetzen Sie sich in diese angenehme Situation. Was sehen, hören, riechen, schmecken Sie, wie ist Ihr Körpergefühl? Registrieren Sie bewusst Ihre Empfindungen und Wahrnehmungen. Alle, die Sie jetzt sehen können, nehmen wahr, wie gut es Ihnen geht. Sie strahlen. Verbleiben Sie für einige Minuten in dieser angenehmen Situation.

Denken Sie nun an die Aufgabe, an das Ereignis, das Ihnen bevorsteht. Je genauer Sie sich die Details vorstellen, umso besser. Wo wird sich das Ganze abspielen? Wer ist dabei? Was sehen, hören, riechen, schmecken Sie in der unangenehmen Situation? Halten Sie inne, sobald die Situation vollständig vor Ihrem geistigen Auge erscheint. Gehen Sie gedanklich aus der Situation und betrachten Sie sich selbst von außen aus der Distanz. Wie nehmen Sie sich nun wahr? Was denken Sie? Was fühlen Sie? Wie ist Ihr Körperempfinden? Wo spüren Sie Verspannungen?

Die unangenehme Situation verlassen Sie jetzt wieder und denken an die zurück, bei der Sie sich rundum wohl fühlten. Erinnern Sie sich an die Gedanken und Empfindungen in dieser Situation? Spüren Sie noch einmal alles nach und gehen Sie gedanklich wieder zu dem unangenehmen Ereignis, mit dem Sie in nächster Zeit zu tun haben werden. Sie sehen dieselbe Situation vor sich, dieselben Menschen, dieselbe Umgebung. Diesmal jedoch sind Sie gelassen, Sie haben Ihr Wohlgefühl bei sich, Sie fühlen sich stark und der Situation gewachsen. Das, was Sie stören könnte, nehmen Sie wahr, es belastet Sie jedoch nicht. Sie denken: Ich bin stark, mich bringt heute keiner aus der Fassung. Sie atmen ruhig, Sie sind gelassen. Genießen Sie diesen Gedanken einige Minuten, bevor Sie sich wieder recken und strecken und die Augen öffnen. Machen Sie diese Gedankenreise, wenn Sie Ihnen gut tut, mehrmals zur Vorbereitung auf ein „stressiges" Ereignis.

Nehmen Sie Rücksicht auf Ihren Körper

Gesunder Schlaf: Wer über längere Zeit nicht genug Schlaf bekommen hat, weiß, wie sich dies auswirkt: Vor allem junge Eltern sind davon betroffen und Menschen, die zu wenig schlafen, weil sie zu viel arbeiten (Tendenz in den USA steigend). Andere entziehen sich selbst Schlaf durch übermäßiges Fernsehen. Schlechte Schlafqualität ist zum einen ein Stressor an sich, zum anderen beeinträchtigt mangelnder oder schlechter Schlaf (Ein- und Durchschlafstörungen, zu frühes Erwachen, Alpträume, Zähneknirschen, angstvolles Aufschrecken) die Regenerationsfähigkeit des Organismus und ist somit höchst ungesund.

Gestörter Schlaf kann verschiedene Ursachen haben. Manchmal liegt es an äußeren Faktoren, wie zum Beispiel einem ungewohnten Schlafraum, einem unbequemen Bett, schlechter Luft, falscher Temperatur, Geräuschen oder Lärm, Stress oder Ärger oder einer Störung des Schlaf-Wach-Rhythmus (Schichtarbeit, Jetlag). Natürlich spielen auch innere, mentale Ursachen eine Rolle, so zum Beispiel akute oder chronische Konflikte, soziale Stressfaktoren (Familie, Geld, Beruf) oder übersteigerte Erwartungshaltung an den Schlaf. Auch organische Erkrankungen, können Schlafstörungen hervorrufen, insbesondere dann, wenn sie mit Schmerzen verbunden sind. Beispiele hierfür sind Atemnot, Husten oder Allergien, Herzinsuffizienz, Magengeschwüre, neurologische Erkrankungen mit Kopfschmerzen, Rückenschmerzen, Schlafapnoe (Atemstillstand) oder Prostataleiden, die häufiges nächtliches Wasserlassen erforderlich machen. Siebzig Prozent aller schwer schlafgestörten Menschen leiden unter psychischen Erkrankungen, unter Depressionen, Angstzuständen, Panikattacken und Zwängen. Schließlich können auch Alkohol- und Medikamentenmissbrauch den Betroffenen den Schlaf rauben.

Da gesunder Schlaf ein wesentliches Mittel ist, dem Stress zu begegnen, hier zehn Ideen, wie man Schlaflosigkeit begegnen kann:

- Wie viel Schlaf benötigen Sie eigentlich? Finden Sie das heraus, denn Menschen, die durch zu „frühes" Erwachen beunruhigt sind, gehen häufig zu früh ins Bett oder bleiben zu lange liegen. Stehen Sie nachts lieber auf, statt sich verbissen ums Wiedereinschlafen zu bemühen. Fünf Stunden ungestörte Nachtruhe sind medizinisch erforderlich.

- Machen Sie aus Ihrem Schlafzimmer einen „Wohlfühlraum": Ruhig sollte er sein, eher kühl als zu warm und mit angenehmer Atmosphäre. Bei lauter Umgebung sorgen Sie für schalldichte Fenster oder Sie benutzen Ohrstöpsel.

- Nehmen Sie Ihre Tagesprobleme nicht mit ins Bett und richten Sie feste Schlafrituale und feste Schlafzeiten ein. Es ist gesünder, vor dem Zubettgehen etwas Entspannendes zu tun, zum Beispiel Tagebuch schreiben, spazieren gehen, Musik hören, lesen oder Sex haben, als sich einen Horrorfilm anzuschauen.

- Yoga oder Meditation helfen Ihnen dabei abzuschalten.

- Finden Sie nach einem Fernsehabend keine Ruhe? Ihre Nerven sind dann möglicherweise durch die schnell wechselnden Bilder oder den Inhalt der Sendung aufgeputscht. Überprüfen Sie deshalb Ihre abendlichen Gewohnheiten.

- Spätestens zwei Stunden vor dem Schlafengehen sollten Sie die letzte Mahlzeit einnehmen nach dem Motto: „Eiweiß hält wach, Kohlehydrate machen müde", also lieber Gemüse und Kartoffeln, Nudeln und Brot statt Wurst, Fleisch oder Fisch.

- Achtung bei Cola, Kaffee und Tee, in denen Wachmacher (Koffeine) enthalten sind, die den Blutdruck hoch treiben.

Menschen mit sehr niedrigem Blutdruck schlafen danach allerdings besonders gut.

- Alkohol hat zwar Schlaf fördernde Wirkung, er macht den Schlaf allerdings oberflächlich und nur wenig erholsam. Meiden Sie ihn deshalb am besten.

- Erlaubt sind: Baldrian, Melissengeist, ein warmes Bad, Schokolade oder Milch mit Honig. Tabletten verändern die Schlafstruktur. Der Schlaf ist dann weniger erholsam, zudem besteht die Gefahr der Medikamentenabhängigkeit.

- Klappt es trotz allem nicht mit dem Einschlafen: Stehen Sie wieder auf, beschäftigen sich mit etwas für Sie Angenehmen (je nach Typ zum Beispiel lesen, backen, bügeln oder Musik hören) und warten Sie in Ruhe ab, bis Sie von selbst müde werden. Vermeiden Sie es, bei Schlaflosigkeit regelmäßig auf den Wecker zu starren, denn das bringt zusätzlich Stress.

Wissen Sie, was ein Quick Nap ist? Das ist die Mütze Schlaf, die Ihnen vielleicht in der Mittagszeit ein Stück Regeneration ermöglicht. Eine Umfrage des Gallup-Instituts brachte es an den Tag: 56 Prozent der Beschäftigten gaben an, dass sie während des Tages mindestens einmal von einer Phase heftiger Müdigkeit befallen wurden. In der Regel wird dieses Schlafbedürfnis einfach unterdrückt. Mit der Folge von fehlender Konzentration und Übellaunigkeit. Mittlerweile zeichnet sich ein Wandel ab. Der Mittagsschlaf kommt in Mode. Der Trend stammt aus den USA: Firmen stellen dort Ruheräume zur Verfügung, so genannte Napping Lofts, in den sich die Mitarbeiter nach Gusto mittags aufs Ohr hauen. Ganz offiziell und mit Erlaubnis vom Chef. In Deutschland wird dies beispielsweise bei Hewlett Packard praktiziert. Auch die Hamburger Agentur Springer & Jacoby zeigt sich flexibel darin, es den Mitarbeitern zu überlassen, wie sie ihre Pause gestalten möchten. 20 Minuten Schlaf – statt Genussgiften wie Kaffee oder Tee – reichen bereits, um bei belasteten Menschen dafür zu sorgen, dass die Konzentrationsfähigkeit wieder stark zunimmt und sich die Gemütsverfassung deutlich verbessert. Eine erhöhte Lebenserwartung haben Sie übrigens auch, wenn Sie regelmäßig einen Mittagsschlaf halten.

Je gestresster Sie sind, um so mehr körperlichen Ausgleich müssen Sie haben. Statt abends auf der Couch Kartoffelchips zu knabbern, sollten Sie sich im Fitness-Studio oder im Sportverein tummeln oder Rad fahren. Suchen Sie sich die Sportart aus, die Ihnen am meisten Spaß macht. Und denken Sie daran: Ehrgeiz beim Sport kann auch stressen!

Entspannungstechniken: Unter der großen Anzahl von Entspannungstechniken gibt es für jeden Geschmack etwas. Die zurzeit von den Krankenkassen am häufigsten angebotenen Verfahren sind die Progressive Muskelentspannung und das Autogene Training – zwei bewährte Methoden. In den letzten Jahren haben Yoga- und Tai-Chi-Kurse eine ständig wachsende Fangemeinde gefunden. Informieren Sie sich am besten bei Ihrer Versicherung, welche Kurse von dieser bezuschusst werden. Auch im Programm der örtlichen Volkshochschule können Sie fündig werden.

Gesunde Ernährung: Vieles, was schmeckt, ist leider nicht gesund und was gesund ist, schmeckt nicht. Stimmen Sie dem zu und verwöhnen Sie sich immer wieder mal gern mit einer Currywurst, einem saftigen Eisbein, einem Hamburger, einem Stück Cremetorte oder einem Glas Cola? Sich gesund zu ernähren heißt heutzutage nicht mehr, prinzipiell auf das zu verzichten, was einen am besten schmeckt. Es kommt jedoch auf die Menge an. Gesund essen heißt auch genussvoll, aber bewusst essen. Wer sich gesund ernährt, nimmt viel frisches Obst und frisches Gemüse zu sich und reduziert vor allem die Aufnahme von tierischem Fett. Informieren Sie sich in Ihrer Buchhandlung über das umfangreiche Angebot von Ratgebern zu diesem spannenden

Thema. Gesunde, leichte Ernährung trägt zu Ihrem körperlichen Wohlbefinden bei. Sie belastet den Körper nicht und hilft Ihnen dadurch, sich zu entspannen.

Schlagen Sie auch nach bei

→ Humorpotenzial
→ Selbstdisziplin

Literaturhinweise

Csikszentmihalyi, Mihaly. *Flow: Das Geheimnis des Glücks.* Klett- Cotta 1999

Frank, Gunter. *Gesundheitscheck für Führungskräfte: Ihr persönlicher Weg zu mehr Leistungsfähigkeit jenseits aller Moden.* Campus 2001

Gross, Günter F. *Mut und Entschlossenheit: Die Multiplikatoren des Erfolgs.* moderne industrie 2001

Koch, Axel / Kühn, Stefan. *Ausgepowert? Hilfen bei Burnouts, Stress, innerer Kündigung.* Gabal 2000

Küstenmacher, Werner Tiki / Seiwert, Lothar. *Simplify your life: Einfacher und glücklicher leben.* Campus 2001

Linneweh, Klaus. *Stresskompetenz: Der erfolgreiche Umgang mit Belastungssituationen in Beruf und Alltag.* Beltz Verlag 2002

Pohl, Elke. *Nie mehr Stress im Job: 100 Tipps für entspanntes Arbeiten.* BW Bildung und Wissen 2002

Seiwert, Lothar. *Wenn Du es eilig hast, gehe langsam: Das neue Zeitmanagement in einer beschleunigten Welt.* Campus 2000

Sprenger, Reinhard. *Die Entscheidung liegt bei dir! Wege aus der alltäglichen Unzufriedenheit.* Campus 1999

Stehling, Wolfgang. *Ja zum Stress: Höchstleistungen bringen und im Gleichgewicht bleiben.* Campus 2000

Tausch, Reinhart. *Hilfen bei Stress und Belastung: Was wir für unsere Gesundheit tun können.* Rowohlt 2002

Watzlawick, Paul. *Anleitung zum Unglücklichsein.* Piper 2002

Die meisten Krankenkassen bringen Schriftenreihen zum Thema Gesundheitsförderung und Stressbewältigung heraus. Mitgliedern sendet man diese Informationen kostenlos zu. Darüber hinaus bieten die Krankenkassen auch Stress-Bewältigungskurse an, die für Mitglieder sehr preiswert sind. Fragen Sie bei Bedarf auch bei Ihrer örtlichen Volkshochschule an.

Benehmen und Outfit

200 Jahre nach dem Erscheinen der Benimmregeln eines gewissen Herrn Knigge ist Benehmen wieder „in“. Seine Botschaften fristeten jahrelang ein Außenseiterdasein; Höflichkeit und gutes Benehmen schienen doch etwas sehr Altbackenes zu sein. Seit Ende der achtziger Jahre haben Knigges Nachfolger und Nachfolgerinnen, die Anbieter von Seminaren für Stil, Etikette und den guten Ton im Business Hochkonjunktur. Und sogar für die Kleinen gibt es mittlerweile Kursangebote.

Nach und nach sprach sich nämlich herum, dass hohe fachliche Kompetenz und Qualifikation allein nicht ausreichen, um beruflich erfolgreich zu sein. Fähigkeiten im gesellschaftlichen Umgang miteinander wurden immer mehr zum Entscheidungsfaktor für die Karriereplanung. Gefördert wurde diese Entwicklung durch den Trend zum schönen Leben und Genießen, der es automatisch mit sich brachte, dass das bisherige Verhalten den neuen Umständen angepasst werden musste. Wer bereit ist, für einen guten Wein 25 Euro und mehr zu bezahlen, möchte auch wissen, in welchem Glas dieser sich optimal entfalten kann. Und wer seine Gäste in ein Feinschmeckerlokal einlädt, möchte sich dort auch etikettegerecht benehmen können. Mancher Anwärter auf eine Führungsposition wird zum ersten Mal im Leben mit seinen Defiziten konfrontiert, wenn das Vorstellungsgespräch in ein Restaurant verlegt wird und das Verhaltensrepertoire bereits ausgeschöpft ist, wenn Schnecken oder Hummer serviert werden. Oder stellen Sie sich vor, Sie haben Geschäftsbesuch, der Sie zu einem japanischen Essen einlädt. Bis dato haben Sie noch nie mit Stäbchen gegessen – im Gegensatz zu Ihrem Geschäftspartner, der damit offensichtlich auf die Welt gekommen ist. Er kann sich voll und ganz auf das Gespräch konzentrieren; im Gegensatz zu Ihnen. Andere kapitulieren bereits, weil sie nicht wissen, welcher der Besteckteile für welchen Gang gedacht ist und nur der scheue Blick nach allen Seiten vermag auf die Schnelle über diese Unsicherheit hinwegzuhelfen. Auch wenn alles gut geht: Das Selbstbewusstsein ist für einige Momente dahin, die Aufmerksamkeit angesichts der Unsicherheiten zwangsläufig nicht auf das Gespräch sondern auf Nebenkriegsschauplätze gelenkt.

Und hier sind wir schon bei dem Grund, weshalb es sich angenehmer mit einem stets aktivierbaren Fundus an Benimmregeln lebt. Menschen, die sich mit Etikette und Stil auskennen, sind einfach angenehmer, weil sie auch schwierigen Situationen gewachsen sind und weil sie leichter Sympathien gewinnen als jemand, der sich wie die Axt im Walde benimmt. Gutes Benehmen ist die Basis für menschliches Miteinander – nicht nur beruflich, sondern auch privat. Und nicht zuletzt ist man gewiss lieber mit Menschen zusammen, von denen man mit Respekt und Höflichkeit behandelt wird.

Die Regeln für gutes Benehmen sind einem ständigen Wertewandel unterworfen. Wussten Sie,

- dass die Erwiderung „Gesundheit“ auf ein herzhaftes Niesen absolut out ist und aus Höflichkeitsgründen ignoriert werden sollte?
- dass beim Niesen die linke Hand vorgehalten wird?
- dass der mittägliche Gruß „Mahlzeit“ ebenfalls überholt ist?
- dass „Guten Appetit“ allenfalls noch im Privatleben seine Berechtigung hat?
- dass die Serviette keinesfalls wie ein Lätzchen in den Kragen oder Ausschnitt gesteckt wird?
- dass man Servietten nicht voll entfaltet, sondern nur zur Hälfte auflegen soll?

- dass Kartoffeln wieder mit dem Messer geschnitten werden dürfen?
- dass stets ein kleiner Rest Suppe im Teller verbleibt?
- dass die Damen sich bei Tisch die Lippen nachziehen dürfen, größere Reparaturen allerdings der Intimität der Waschräume vorbehalten sein sollten?
- dass Besteck von außen nach innen benutzt wird (das äußere für die Vorspeise, das innere für das Hauptgericht)?
- dass die Gabel zum Mund geführt wird, nicht umgekehrt?
- dass Gläser, die einen Stiel haben, an diesem gehalten werden?
- dass im Restaurant der vorausgeht, der bezahlt?
- dass der Herr der Dame aus dem Mantel hilft und ihr den Stuhl zurechtrückt?
- dass der, der den anderen zuerst sieht, ihn auch zuerst grüßt?
- dass der Rangniedere abwarten muss, bis der Ranghöhere ihm die Hand gibt?
- dass die Dame dem Herrn die Hand zum Gruß reicht?
- dass, wer einen Raum betritt, in dem andere bereits warten, zuerst grüßen muss?
- dass Damen bei der Begrüßung sitzen bleiben, es sei denn, sie begrüßen eine ältere Dame oder eine honorige Person, während Herren sich prinzipiell erheben?

- dass der Herr vor der Dame die Treppe hinauf- und auch hinuntergeht?

Wenn Sie sich beim Lesen über die Antworten sehr gewundert haben, sollten Sie Ihr Benimm-Wissen vertiefen; Sei es durch das Studium eines der aufgeführten Fachbücher oder durch den Besuch eines Seminars. Vorausgesetzt natürlich, das Thema Benehmen ist es Ihnen überhaupt wert.

Weshalb machen Kleider Leute?

Wer erfolgreich im Beruf sein möchte – und wer möchte das nicht? – sollte nicht allein auf sein Benehmen achten, sondern auch seinem Äußeren, der Kleidung, Aufmerksamkeit schenken. Sozialpsychologen und die moderne Attraktivitätsforschung haben nachgewiesen, dass Erfolg auch vom Ausmaß der Attraktivität abhängt. Der „Wow-Effekt" besagt, dass gut aussehende Menschen – und dazu trägt auch gepflegte Kleidung bei – erfolgreicher sind: Sie finden schneller den Wunschjob, werden schneller befördert und verdienen bis zu 30 Prozent mehr als ihre „unattraktiveren" Kollegen. Dies war das Ergebnis einer Studie der amerikanischen Psychologiedozentin Nancy Etcoff von der Harvard Medical School.

Man unterstellt attraktiven Menschen, dass sie kompetenter sind. Warum also nicht die Chancen nutzen, die mit einem passenden Outfit zu erzielen sind? Passend bedeutet in diesem Fall nicht nur, den eigenen Typ und Stil finden, sich also nicht zu verkleiden. Passend bedeutet auch, das Fingerspitzengefühl für den jeweiligen Dress-Code Ihrer beruflichen Umgebung zu entwickeln, wobei dieser für jede Branche spezifisch ist. Sie sind schließlich Imageträger Ihres Unternehmens. Während bei Banken die Erwartungen an das Erscheinungsbild ihrer Repräsentanten sehr traditionell sind, kann man in der Werbung, den neuen und alten Medien schon etwas wagen. Allerdings muss hier darauf geachtet werden, dass Außendienstler sich dem Dress-Code ihrer Kunden anpassen, damit ihnen nicht das passiert, was mir von einem Werber berichtet wurde: Er erschien im großkarierten Anzug bei einem Großkunden – seines Zeichens Molkereibesitzer – und wurde von diesem mit den Worten begrüßt: „Sie sehen ja aus wie ein Zirkusdirektor!"

Nach einer Untersuchung von Forsa aus dem Jahre 1999 achten 43 Prozent aller Deutschen zuallererst auf die Kleidung des Gegenübers. Beim Kennenlernen einer unbekannten Person suchen wir instinktiv nach Informationen, die in das Schema, das wir uns für den anderen zurecht gelegt haben, passen; alles andere wird nicht wahrgenommen. Schon innerhalb von 30 Sekunden bilden wir uns ein Urteil vom Gegenüber und stecken es in eine Schublade. Für den ersten Eindruck gibt es keine zweite Chance. Setzen Sie Ihr Outfit also punktgenau ein.

Wussten Sie,

- dass Sie nicht chicer als Ihr Vorgesetzter/Ihre Vorgesetzte gekleidet sein sollten?

- dass das Sakko anbleiben sollte, es sei denn, der Höhergestellte oder Gastgeber regt dazu an, es auszuziehen?

- dass weiße Socken, Shorts und Sandalen im Geschäftsleben tabu sind?

- dass zwischen Herrensocke und Hosenbeinende im Sitzen kein Stück der Wade herausblitzen darf?

- dass die Schuhe nicht heller als die andere Bekleidung sein sollten?

- dass im Stehen das Jackett oder die Kostümjacke zugeknöpft ist?

- dass auch bei Hitzefrei-Temperaturen Spaghetti-Träger im Büro tabu sind?

Sollten Sie jetzt sehr verunsichert sein, nutzen Sie die Chance, Ihr Outfit durch eine Typ- und Stilberatung, die es in allen größeren Städten (auch bei den Volkshochschulen) gibt, zu optimieren. Gerade junge Berufstätige, die aufgrund mangelnder Erfahrung fachlich noch nicht ganz überzeugen können, sollten ihren Auftritt optisch gelungen gestalten. Im Verbund mit guten Umgangsformen kann dann eigentlich nichts mehr schief gehen.

Seminartipps

Lis Droste
Stil und Etikette
Waidmannstr. 39
60596 Frankfurt
Tel. 069/63 15 38 33
Fax 069/63 15 38 34
www.LisDroste.de
Etikette@LisDroste.de

Horst Hanisch Seminare
Dreizehnmorgenweg 11
53175 Bonn
Tel. 0228/37 92 41
www. knigge-seminare.de

Schlagen Sie auch nach bei

→ Interkulturelle Kompetenz
→ Selbstmarketing
→ Small-Talk-Fähigkeit

Literaturhinweise

Begemann, Petra. *Business-Knigge: Ein Hörbuch.* Eichborn 2002

Begemann, Petra. *Business-Knigge: Wie Sie überzeugend auftreten – wie Sie Fehler vermeiden.* Eichborn 2001

Heinke, Dagmar P. *Nicht nur Kleider machen Leute: Auftreten, Styling, Körpersprache.* Orell Füssli 2002

Helbach-Grosser, Susanne. *Erfolg mit Takt & Stil: Umgangsformen aktuell – Empfehlungen für Eilige.* Expert 2002

Jakobowsky, Birgit. *Dressed for success: Wie Sie Ihren Typ wirkungsvoll in Szene setzen.* Eichborn 2002

Pohl, Elke. *Karriere-Knigge: 100 Tipps für gekonntes Auftreten im Berufsleben.* BW Bildung und Wissen 2002

Schönfeldt, Sybil. *1 x 1 des Guten Tons: Das neue Benimmbuch.* Rowohlt 2001

Beziehungsintelligenz

Wussten Sie, dass Führungskräfte zum großen Teil weniger als drei Stunden pro Woche an den Beziehungen zu ihren Mitarbeitern arbeiten? Mit ihren Kollegen verbringen sie noch weniger Zeit und mit den eigenen Vorgesetzten ist es nicht einmal eine Stunde. Die Begründung dafür, dass Menschenführung in deutschen Unternehmen offensichtlich kaum stattfindet, ist häufig Zeitmangel. Wachsender Arbeitsdruck und nicht selten auch die eigene Unsicherheit darüber, wie Beziehungen im beruflichen Umfeld zu handhaben sind, führen dazu, dass Kontakte innerhalb von Organisationen zu wenig für die Unternehmensziele genutzt werden. Aber nicht nur auf der Führungsebene, sondern quer durch die Hierarchien fehlt es in vielen Verwaltungen und Unternehmen an Beziehungsintelligenz.

Was ist Beziehungsintelligenz?

Beziehungsintelligenz ist die Summe aus Klugheit, Wachheit und Umsicht, die Sie in Ihrem Verhalten gegenüber anderen Menschen an den Tag legen. Dazu gehört auch die Fähigkeit, durch das eigene Verhalten und Auftreten andere Menschen zu gewinnen, zu motivieren und zu bewegen. Beziehungsintelligenz ist – auf den Punkt gebracht – das Talent im Umgang mit anderen Menschen. Es handelt sich hier um einen Erfolgsfaktor, der nicht allein über den wirtschaftlichen Erfolg, sondern ebenso über den persönlichen Erfolg wie auch über die Freude am Beruf entscheidet. Der Unternehmensberater Stefan F. Gross spricht in diesem Zusammenhang von einer „Kardinal-Erfolgsfähigkeit“, mit der es gelingt, berufliche und private Partner zu Freunden und Verbündeten zu machen und ihre aktive Unterstützung zu gewinnen. Beziehungsintelligenz sichert strategische Vorteile durch Erhöhung der Anziehungs- und Überzeugungskraft, was gerade in Zeiten, in denen Produkte und deren Preisgestaltung sich immer ähnlicher werden, hilft, im Wettbewerb zu gewinnen.

Weshalb ist Beziehungsintelligenz wichtig?

Unser Arbeitsleben findet nicht im luftleeren Raum statt. Wir sind in vielerlei Hinsicht mit vielen Menschen verknüpft und vernetzt, ob wir wollen oder nicht. Es ist fast egal, welcher Tätigkeit Sie nachgehen, ob im Vertrieb, in der Buchhaltung oder dem Controlling, ob bei der Entwicklung von Software oder als Broker: Sie arbeiten in der Regel mit anderen Menschen zusammen, auf deren Wille zur Zusammenarbeit und Kooperation Sie angewiesen sind. Ganz besonders wichtig sind natürlich alle Beziehungen, die Sie mit Kunden oder Ihrem Arbeitgeber pflegen. Das Berufsleben ist also voller Beziehungen. Wenn Sie unabhängiger von äußeren Einflüssen werden möchten, um Ihre beruflichen Ziele zu erreichen, sollten Sie möglichst viele positive Beziehungen aufgebaut haben. Abgesehen davon, dass die Arbeit mehr Spaß macht, wenn sie verknüpft ist mit positiven menschlichen Begegnungen oder Beziehungen, spielen auch knallharte ökonomische Gründe eine wichtige Rolle. Je größer nämlich der Preiskampf und je enger der Markt, um so mehr spielt die Beziehungsintelligenz das Zünglein an der Waage.

Hier ein Beispiel: Stellen Sie sich vor, Sie brauchen ein neues Auto und wären bereit, 15 000 Euro für einen Kleinwagen zu investieren. Sie sondieren den Markt und stellen dabei fest, dass nicht allein deutsche Hersteller, sondern auch französische und japanische Modelle auf dem Markt sind, die Ihnen gefallen und Ihren Bedürfnissen entsprechen. Äußerlich sehen sich die Modelle sehr ähnlich und auch im Preis-Leistungs-Verhältnis gibt es keine nennenswerten Unterschiede. Ebenso scheint der angebotene Service bei allen Marken durchaus vergleichbar zu sein. Wenn da nicht der zuvorkommende Verkäufer gewesen wäre, der Ihnen das Modell A übers Wochenende in Ihrer Lieblingsfarbe für Probefahrten zur Verfügung gestellt hätte, wäre die Entscheidung schwer gewesen. Er hatte sogar schon das Radio mit Ihren Lieblingssendern programmiert. So entschieden Sie sich – halb bewusst, halb unbewusst – für Modell A und seinen

Verkäufer. Die Qualität der Beziehung zwischen Käufer und Verkäufer hatte in dem Fall über den Verkaufserfolg bestimmt.

Wenn Sie viel mit Menschen zusammen sind und ein waches Auge haben, werden Sie feststellen, dass es Menschen gibt, die schnell und leicht Kontakte knüpfen können und diese auch langfristig halten. Aus den Kontakten werden reale Beziehungen. Diese Menschen verfügen über das, was wir Beziehungsintelligenz nennen, was weitgehend gleichzusetzen ist mit sozialer Intelligenz oder sozialer Kompetenz.

Warum ist die Wertschätzung des Partners so wichtig?

Während auf der einen Seite der Trend zur Technik, zur Automatisierung und zur Konzentration steigt, wird auf der anderen Seite das Bedürfnis nach Individualität und Menschlichkeit größer. Menschen suchen nach Anerkennung, Achtung und Respekt. Ein menschliches Grundbedürfnis besteht darin, geliebt und anerkannt zu werden. Nun müssen Sie nicht gleich alle Geschäftspartner lieben, um zu ihnen in Beziehung zu treten. Sie wertzuschätzen hingegen ist das Mindeste, das Sie tun können. Das intelligente Anbahnen, Knüpfen und Aufrechterhalten von Beziehungen kann nur auf dem Fundament der Wertschätzung der anderen Person gelingen. Wertschätzung bedeutet unter anderem, dem Geschäftspartner deutlich zu machen, dass man ihn für eine bereichernde und bemerkenswerte Persönlichkeit hält und dass die Zusammenarbeit mit ihm sehr wichtig ist und besonderen Spaß macht. Sozial kompetente Menschen gaukeln dem anderen nichts vor, dass nicht auch wirklich vorhanden ist.

Hier ein abschreckendes Beispiel für mangelnde Wertschätzung: Mitte der achtziger Jahre hatte ich mich als Diplompsychologin in einer Kurklinik beworben und wurde zum Vorstellungsgespräch eingeladen. Ich kam pünktlich zum verabredeten Termin. Man bat mich zu warten und ich fand mich in einem

Raum mit fünf weiteren jungen Damen wieder; sie waren Bewerberinnen wie ich. Als ich nach 1,5 Stunden an der Reihe war, wurde das Gespräch mit dem Chefarzt dreimal durch das Telefon unterbrochen. Ungeniert unterhielt sich der Arzt in meiner Anwesenheit. Es ging dabei um Schiffsbeteiligungen. Heute würde ich jedem in dieser Situation raten, das Weite zu suchen. Der Grund: In so einem Fall wird Ihre kostbare Zeit vergeudet. In der beschriebenen Situation lag der Verdacht nahe, dass die Position bereits besetzt war und man keine Zeit mehr hatte, uns abzusagen. Eine Frechheit und ein Beispiel für mangelnde Wertschätzung mir und den Mitbewerberinnen gegenüber.

Woran erkennt man Menschen mit hoher Beziehungsintelligenz?

Manche Menschen werden mit dem „Beziehungsgen“ geboren. Die meisten müssen sich die Fähigkeit, gut mit anderen zu kommunizieren, erst erarbeiten. Menschen, die an einem hohen Maß über Beziehungsintelligenz verfügen, erkennt man an bestimmten Verhaltensweisen:

- Sie haben die Fähigkeit, auf Menschen zuzugehen, leicht Kontakte zu knüpfen und andere für sich zu gewinnen.
- Sie führen interessante Gespräche, die nicht im Sande verlaufen.
- Sie haben keine Scheu, Fremde anzusprechen und in ein Gespräch zu verwickeln.
- Sie haben Interesse an der Beziehung zu anderen Menschen und gehen mit diesen umsichtig und behutsam um.
- Sie verfügen über Einfühlungsvermögen, das heißt sie erfassen ihr Gegenüber schnell und können sich in dessen Situation hineinversetzen. Auch die Körpersprache ihres Gesprächpartners ist für sie leicht interpretierbar.

- Sie können den anderen emotional beeinflussen, ihn zum Beispiel motivieren, sein Selbstwertgefühl stärken, auf seine Emotionen positiv Einfluss nehmen.

- Sie wirken aktiv an der Beziehungsgestaltung mit und überlassen diese nicht dem Zufall.

- Sie haben ein Gespür dafür, welche Möglichkeiten in einer Beziehung noch vorhanden sind.

- Sie spüren, welche Menschen ihnen gut tun und welche nicht und sind in der Lage, das zu steuern, indem sie Kontakte auch einmal abbrechen.

- Sie leisten bei der Klärung von Konflikten einen positiven Beitrag.

Kann man die persönliche Beziehungsintelligenz steigern?

Im Grunde verfügt jeder Mensch über Beziehungsintelligenz. Lediglich in der Ausprägung gibt es Differenzierungen. Ob diese spezielle Form der Intelligenz bereits angeboren ist oder durch soziales Lernen in der Familie oder in einer Bezugsgruppe erworben wurde, ist weniger wichtig. Man sollte jedoch wissen, dass sich auch im hohen Alter Intelligenzbereiche, wie zum Beispiel die Beziehungsintelligenz, noch verbessern lassen. Beobachten Sie aufmerksam Ihre Umgebung. Wie gehen sozial kompetente Menschen mit ihren Kollegen und ihren Chefs um? Was machen sie, um andere für sich zu gewinnen? Wie geht es Ihnen persönlich im Umgang mit sozial kompetenten Menschen? Was sprechen diese in Ihnen an? Analysieren Sie die Situationen! Erstellen Sie eine Schwierigkeits-Hierarchie (von eins bis zehn) für Begegnungen, in denen Sie Beziehungsintelligenz haben möchten und beginnen Sie umgehend damit, die einfachste Situation anzugehen. Üben Sie intelligentes

Beziehungsverhalten im Freundeskreis. Lassen Sie sich von nahe stehenden Menschen coachen, die Ihnen ein Stück voraus sind. Suchen Sie vermehrt Situationen, in denen Sie sich noch unsicher fühlen. In Netzwerken und Berufsverbänden können Sie sich wunderbar erproben.

Schlagen Sie auch nach bei

→ Aktives Zuhören
→ Benehmen und Outfit
→ Empathie
→ Emotionale Intelligenz
→ Networking
→ Small-Talk-Fähigkeit

Literaturhinweise

Gross, Stefan F. *Beziehungsintelligenz: Talent und Brillanz im Umgang mit Menschen.* Verlag Moderne Industrie 1997

Kremer, Alfred J. *Reich durch Beziehungen: Durch die richtigen Kontakte zum Erfolg.* Verlag Moderne Industrie 2000

Scheler, Uwe. *Erfolgsfaktor Networking: Mit Beziehungsintelligenz die richtigen Kontakte knüpfen, pflegen und nutzen.* Campus 2000

Dialogfähigkeit

Sie sprechen auf einer Party mit einem guten Freund über seine Probleme bei der Jobsuche. Ihr Freund sucht seit einem halben Jahr, hat über 30 Bewerbungen geschrieben, und es geht ihm entsprechend schlecht, weil ihm kurz zuvor die Unterlagen von einem Arbeitgeber zurückgeschickt wurden, bei dem er besonders gern angefangen hätte. Sie hören ihm interessiert zu. Gerade als er dabei ist, über seine derzeitige seelische Befindlichkeit zu sprechen, setzt sich ein weiterer Gast dazu und greift nach wenigen Minuten in das Gespräch ein. In epischer Breite erzählt er lustige Geschichten von seiner Jobsuche. Und überhaupt hätte es ihm ganz gut getan, mal nicht arbeiten zu müssen. Ihr Freund solle sich nicht so hängen lassen und das Leben genießen. Dann fährt er fort mit Ausführungen über den Zustand des Partybuffets und lässt Sie beide schweigend zurück.

Sicher kennen Sie Situationen wie diese. Die Schilderung Ihres Gesprächpartners hat eine bestimmte Intensität erreicht und als Sie darauf eingehen möchten, greift ein anderer ein und führt das Gespräch in seinem Sinne – sozusagen stichwortgerecht – fort. Meist ist man über solche Unverfrorenheit so überrascht, dass man nicht in der Lage ist, den Störer zu stoppen. Manchmal merkt man auch gar nicht, was passiert. Wie auch immer. Wer in der beschriebenen Art und Weise eingreift, ist auf jeden Fall nicht dialogfähig. Vielleicht generell, vielleicht aber auch nur in diesem Fall.

Was ist mit Dialogfähigkeit gemeint?

Dialog meint den Austausch von Ideen und Gedanken und ist demnach keine kommunikative Einbahnstraße, auf der nur einer etwas zu sagen hat. Ein Dialog lebt vom Engagement zweier Menschen und bietet diesen – zumindest theoretisch – die Möglichkeit, mehr voneinander zu erfahren. Dialogfähige Menschen lassen sich demnach wie folgt beschreiben:

- Sie verfügen über emotionale Intelligenz (→ Empathie, → Emotionale Intelligenz).
- Sie lassen andere ausreden und hören aktiv zu.
- Sie sagen, was sie denken.
- Sie begegnen anderen Menschen mit Interesse und Respekt.
- Sie sind flexibel und tolerant und jederzeit bereit, andere Sichtweisen zu berücksichtigen und ihre eigene Meinung und Bewertung zu hinterfragen.
- Sie sind offen und aufrichtig.
- Sie sprechen von Herzen und verzichten auf Belehrungen.
- Sie sind an wirklichen Begegnungen interessiert.
- Sie hören auf die wesentliche Botschaft und bleiben nicht an einzelnen Worten hängen.

Wann ist Dialogfähigkeit eine wichtige Eigenschaft?

Eigentlich müsste jede Unterhaltung auf einem Dialog beruhen. Nur in ganz wenigen Fällen ist der Monolog das Mittel der Wahl. Beispiel: Befehlsausgabe bei einem Polizei- oder Feuerwehreinsatz oder die Anweisungen eines Operateurs bei einer schwierigen Operation. Wenn man jedoch Gespräche belauscht, stellt man fest, dass es sich meist um Monologe handelt. Eine/r redet und andere hören zu. Auf den anderen eingehen im Sinne des aktiven Zuhörens und des Signalisierens wirklichen Interesses? Fehlanzeige. Aber nur wer auch in der Lage ist, seinen Mitmenschen zuzuhören und sich partnerschaftlich mit Ihnen austauscht, weiß, was sie antreibt und wirklich bewegt. Und ohne dies ist auch eine Zusammenarbeit am Arbeitsplatz und mit Kunden, Klienten oder Patienten nicht möglich.

Stellen Sie sich einen Arztbesuch vor: Nachdem Sie Ihr Problem geschildert haben, drückt Ihnen der Arzt ohne weitere Nachfragen ein Rezept in die Hand. Womöglich hat er nicht einmal das dort vermerkte Medikament und seine Wirkungsweise erläutert. In einem Beratungsgespräch erzählte mir ein Mitarbeiter einer großen Behörde, wie in seiner Abteilung die Abteilungsbesprechungen aussehen: Es redet nur einer, aber dafür hört dann auch keiner zu! Und das, obwohl die leitenden Behördenmitarbeiter seit Jahren darin getrimmt werden, dialogisch zu führen, also die Mitarbeiter einzubeziehen. Auch die allwöchentlich stattfindenden halbstündigen Mitarbeiter-Vorgesetzen-Gespräche seines Vorgesetzten erfreuen sich keiner großen Beliebtheit: Jeder war froh, wenn es vorbei war und er für den Rest der Woche seine Ruhe hatte. Kommunikationskultur? Dialogkultur? Vorbild?

Kann man Dialogfähigkeit trainieren?

Wer seine Dialogfähigkeit entwickeln oder weiterentwickeln möchte, muss sich von vertrauten Verhaltensweisen verabschieden und bereit sein, sich ganz auf das Gegenüber einzulassen. Dazu schlagen die amerikanischen Dialogtrainerinnen Ellinor und Glenna Gerard die Übung „Eine Geschichte weiterspinnen“ vor. Sie benötigen dafür zwei Gesprächsteilnehmer und einen Beobachter. Ziel dieser Übung ist es, ein Gespräch zu führen, ohne auf ein Ergebnis zu schielen, Gedanken ins Fließen zu bringen und unvoreingenommen zuzuhören.

Zwei Gesprächsteilnehmer sitzen einander gegenüber und einigen sich darauf, wer damit anfängt, eine frei erfundene Geschichte zu erzählen. Der Erste beginnt mit dem Erzählen. Wenn der Beobachter nach einiger Zeit (der Erzähler muss in Fluss gekommen sein) in die Hände klatscht (oder ein anderes akustisches Signal setzt), ist es an der zweiten Person, diese Geschichte weiterzuerzählen. Einzige Regel: Beim Wechsel muss es einen weichen Übergang geben, das heißt, das angeschnittene Thema darf nicht abrupt geändert werden. Wenn zuvor also von einer Wanderung in den Bergen die Rede war, kann nun nicht plötzlich von einem Nordseeurlaub gesprochen werden. Die Teilnehmer sind also „gezwungen“, unvoreingenommen zuzuhören. Im Verlauf dieser Übung sollten die Erzähler sich vier- bis sechsmal abwechseln. Bei der Nachbesprechung sollten die Gesprächspartner folgende Fragen beantworten: Was ist Ihnen an der Art Ihres Zuhörens aufgefallen? Wie haben Sie Ihren Gesprächspartner wahrgenommen? Wie war es für Sie, auf den Übergang zu hören? Wie war es, wenn der Partner „Ihre“ Geschichte auf seine Art weiterspann?

Schlagen Sie auch nach bei

→ Aktives Zuhören
→ Empathie
→ Emotionale Intelligenz
→ Kundenorientierung

Literaturhinweise

Bohm, David. *Der Dialog: Das offene Gespräch am Ende der Diskussionen.* Klett-Cotta 2000

Ellinor, Linda / Gerard, Glenna. *Der Dialog im Unternehmen: Inspiration, Kreativität, Verantwortung.* Klett-Cotta 2000

Hartkemeyer, Martina / Hartkemeyer, Johannes / Dhority, Freemann. *Miteinander denken: Das Geheimnis des Dialogs.* Klett-Cotta 1999

Emotionale Intelligenz

Der amerikanische Psychologe Daniel Goleman stellte sich vor einigen Jahren die Frage, was ein hoher Intelligenzquotient nützt, wenn der Mensch ansonsten ein emotionaler Trottel ist. In den neunziger Jahren hatte er zahlreiche Gespräche mit Managern (Spitzen- aber auch Durchschnittsführungskräften) in amerikanischen Unternehmen geführt. Goleman beobachtete dabei, dass Manager, die nicht nur ihrem Verstand vertrauten, sondern auch auf ihre Gefühle hörten, erfolgreicher waren als jene, die ausschließlich von ihrem Verstand gesteuert wurden. In zahlreichen Interviews wurde ihm klar, dass letztendlich die so genannte „emotionale Intelligenz“ der entscheidende Erfolgsfaktor der beruflichen Karriere ist.

Was ist mit emotionaler Intelligenz gemeint?

Emotional intelligente Menschen wissen, was sie fühlen und was andere fühlen. Sie versuchen, den Grund dieser Gefühle herauszufinden und die Auswirkung dieser Gefühle auf andere vorauszusehen. Sie sind also sensibel und kritisch sowohl der eigenen Person, als auch anderen Menschen gegenüber. Emotional intelligente Menschen erkennt man daran, dass sie Fühlen und Denken integrieren. Sie nehmen ihre Gefühle wahr, lassen sich aber nicht – fernab von jeglicher Vernunft – von ihnen beherrschen, sondern entscheiden, wie und ob sie emotional reagieren. Dazu ein Beispiel.

Die Juristin Eva Meyer, 30, ist seit einigen Monaten als Sachgebietsleiterin in einem großen Finanzamt beschäftigt. Regelmäßig zu Wochenbeginn besucht sie mit ihren Kollegen die so genannte „Montagsrunde“, die vom Amtsleiter einberufen wird. Eva ist nicht nur die Jüngste, sondern auch die einzige Frau in dieser „Altherren-Runde“. Das könnte für alle ganz nett sein – ist es leider aber nicht, denn in dieser Runde werden zu Beginn jeder Sitzung erst einmal ein paar sexistische, frauenfeindliche Witze gerissen. Mann fühlt sich unter Gleichgesinnten und lacht solidarisch und herzlich über die sexuellen Kalauer. Eva, bei den ersten Malen noch vor Schreck zur Salzsäule erstarrt, spürt ihren Unwillen und Ärger immer mehr. Es ist ihr aufgefallen, dass sie seit Wochen an jedem Sonntagabend Bauchschmerzen bekommt und zu Beginn der Sitzung einen trockenen Hals hat und heiser ist. Schließlich findet sie heraus, dass dies im Zusammenhang mit der Sitzung und letztendlich mit den Witzen steht. Sie gesteht sich ein, dass sie einerseits Angst vor diesen Witzen hat, weil sie damit nicht umgehen kann, andererseits aber auch sauer ist, weil auf sie keine Rücksicht genommen wird. Ihren Plan, bei der nächsten Sitzung empört den Raum zu verlassen, sobald der erste Witz die Runde macht, verwirft sie nach einigem Nachdenken über die möglichen Folgen. Sie kann sich nämlich lebhaft vorstellen, dass sie dann als Mimose hingestellt werden würde. Mehr Verständnis würde man ihr nicht entgegenbringen.

Diese Angelegenheit ruhig und sachlich mit ihrem Chef zu besprechen, traute sie sich noch nicht zu. Schließlich beschloss sie, zur Tat zu schreiten und einen ganz anderen, sehr mutigen Weg einzuschlagen: Eva Meyer konterte bei der nächsten Montagsrunde mit einem grandiosen männerfeindlichen Witz. Diesmal erstarrten die ansonsten um keinen Lacher verlegenen Herren. Nach einer Schreckminute rief der Leiter der Runde kommentarlos die Tagesordnung auf. Sexistische Witze hörte man seit diesem Tag nicht mehr.

Es war Eva klar geworden, dass ihr ursprünglicher Wunsch nach einer spontanen Empörungsreaktion zwar verständlich war, ihr jedoch langfristig nicht genutzt hätte. Nach Abwägen aller Möglichkeiten kam sie zu dem Schluss, dass sie sich bei den Witzeerzählern damit höchst unbeliebt gemacht hätte. Ohne Netzwerk wäre dies das Aus für sie gewesen. Sie ging intuitiv den richtigen Weg und schlug die Herren mit den eigenen Waffen.

Der kluge Umgang mit Gefühlen ist nach Goleman auf die folgenden fünf Komponenten zurückzuführen:

- Selbstwahrnehmung – Selbstreflexion: Die eigenen Stimmungen und Gefühle samt ihrer Wirkung auf andere einschätzen, die eigenen Stärken und Schwächen kennen, ehrlich und selbstkritisch mit sich umgehen. Selbstreflexive Menschen kennen die Grenzen der eigenen Belastbarkeit und planen dementsprechend. Sie kennen ihre Ziele und Werte und nehmen den Job an, der dazu passt und nicht den, der am meisten Geld einbringt.

- Selbstkontrolle: Impulse und Stimmungen beherrschen können und in positive Bahnen lenken, statt sich von ihnen beherrschen zu lassen oder Gefangener der eigenen Gefühle zu sein. „Erst denken, dann handeln", ist dafür das Motto. Selbstkontrolle zeigt sich bei dem Vorgesetzten, der trotz seiner Wut über den Fehler eines Mitarbeiters diesen nicht in Anwesenheit des Kunden lauthals maßregelt.

- Selbstmotivation: Die Fähigkeit, eigene Emotionen zum Leistungsantrieb zu nutzen und Ziele mit Ausdauer zu verfolgen. Erfolgswille mit Zuversicht und ausgeprägtes Vertrauen in die eigenen Stärken, optimistisch auch bei Niederlagen. Selbstmotivierte Menschen suchen nach Herausforderungen und lernen gern.

- Soziale Wahrnehmung: Die Fähigkeit, sich in die Gefühle anderer Menschen hineinzuversetzen und die Talente anderer zu erkennen. Im Geschäftsleben bedeutet dies, dass man mit dem Kopf des Kunden denkt. Ein weiteres Merkmal ist interkulturelle Sensibilität. Sie macht sich darin bemerkbar, dass man im Kontakt mit Menschen aus fremden Kulturen Rücksicht auf deren Anderssein nimmt. (→ Empathie, → Interkulturelle Kompetenz)

- Soziale Kompetenz: Sie ist nach Goleman die „Krönung“ der emotionalen Intelligenz. Gemeint ist damit die Fähigkeit, zu anderen Menschen Beziehungen herzustellen, Netzwerke aufzubauen und zu pflegen. Hier geht es nicht um Freundlichkeit um jeden Preis – auch der Nutzen der Beziehungen für die eigenen Ziele wird hinterfragt. Menschen mit sozialer Kompetenz sind in der Lage, andere Menschen zu motivieren und zu überzeugen; sie sind teamfähig, konfliktfähig und haben kommunikatives Geschick.

Welche Bedeutung hat emotionale Intelligenz im Berufsleben?

Menschen, die sich selbst eine hohe emotionale Intelligenz bescheinigen sind wesentlich geschickter im Umgang mit anderen Menschen. Sie zeigen ihren Mitmenschen gegenüber mehr Respekt, Reue und Schuldbewusstsein und sind besser in der Lage, befriedigende zwischenmenschliche Beziehungen aufzunehmen und aufrechtzuerhalten. Als Führungskräfte zeigen sie ihre Problemlösefähigkeit im zwischenmenschlichen Bereich, (sie gehen aktiv mit Konflikten um) und als Entscheider beziehen Sie ihre Gefühle mit ein und handeln nicht nur nach „Aktenlage“. Von der emotionalen Intelligenz hängt es im Wesentlichen ab, ob Manager das Vertrauen ihrer Mitarbeiter gewinnen und damit wesentlich erfolgreicher sind als ihre Kollegen, denen dies nicht gelingt. Auf einen häufig zu spät kommenden Mitarbeiter kann ein Vorgesetzter mit Ironie reagieren: „Ach, Herr Schulz, noch nicht auf Sommerzeit umgestellt?“ Er kann aber auch klar und deutlich kommunizieren, dass er sich über das Zuspätkommen ärgert und den Mitarbeiter damit – ohne ihn zu beschädigen – zu einer Verhaltensänderung bewegen: „Herr Schulz, es ärgert mich sehr, wenn Sie zu spät kommen! Ich möchte, dass das anders wird.“ Eine Führungskraft, die so überlegt reagiert, schafft beste Voraussetzungen dafür, dass in ihrem Einflussbereich Vertrauen und Fairness herrschen. Als lebendes Modell prägen

Sie die Stimmung in ihrer Abteilung und bahnen somit den Weg zum Erfolg.

Kann man emotionale Intelligenz trainieren?

Bislang geht die Forschung davon aus, dass es sich bei der emotionalen Intelligenz um eine angeborene Kompetenz handelt. Wenn dies allein der Fall wäre, bräuchte man allerdings an dieser Stelle nicht weiter darauf einzugehen. Goleman weist darauf hin, dass entwicklungspsychologische Untersuchungen den Einfluss der Sozialisation (Elternhaus, Schule) auf das Entstehen der emotionalen Intelligenz beweisen. Forschung und Praxis zeigen eindeutig, dass emotionale Intelligenz mit steigendem Lebensalter (Reife) zunimmt, aber durchaus auch erlernbar ist.

Trainings, in denen Führungskräften die Verbesserung der emotionalen Intelligenz versprochen wird, greifen nur dann, wenn auch die richtige Hirnhälfte angesprochen wird. Das ist jene Hälfte, in der unsere Gefühle, Impulse und Triebe gesteuert werden. Man weiß mittlerweile, dass der Erwerb von emotionaler Intelligenz am besten durch fortlaufende Übung und Rückmeldung funktioniert. Menschen, die sensibler werden möchten, müssen in der Regel neues Verhalten lernen. Dazu gehören zeitaufwändige Übungen und eine Erfolgskontrolle.

Ein Vorgesetzter, der nicht in der Lage ist, sich seinen Mitarbeitern bei Besprechungen zuzuwenden, aufmerksam zuzuhören und einfühlsam zu sein, kann dafür sensibilisiert werden, indem er sich mit Hilfe eines Trainers Videoaufzeichnungen von Besprechungen ansieht und sein dort gezeigtes Verhalten analysiert. Eine andere Übung kann darin bestehen, die Gespräche emotional intelligenter Menschen zu reflektieren. Aufwändig, aber bestimmt am effektivsten, ist die Begleitung durch einen Coach, der unmittelbar nach dem gezeigten Verhalten eine Rückmeldung gibt. Dieser Coach begleitet unsere Führungskraft durch den ganzen Tag und wird somit unmittelbarer Zeuge seiner Aktionen. Damit ein solches Training Wirkung zeigt, muss jedoch der ausdrückliche Wunsch nach einer dauerhaften Veränderung bestehen. Ohne den geht´s nicht!

Wenn Sie Ihre emotionale Intelligenz verbessern möchten, beginnen Sie am besten damit, ihre eigene Gefühlswelt zu beobachten und sich für diese zu sensibilisieren. Dabei hilft die folgende Übung: Listen Sie alle Gefühle auf, die Ihnen gerade einfallen. Lassen Sie sich Zeit dafür. Denken Sie nun darüber nach, welche Gefühle Sie aus eigenem Erleben kennen. Bitte schreiben Sie auch diese auf und denken Sie darüber nach, welche Ereignisse Ihnen dazu einfallen. Haben Sie alle Gefühle, die Sie im ersten Teil der Übung aufgeschrieben haben, auch bereits selbst erlebt oder kennen Sie manche nur beim Namen? Wenn letzteres auf Sie zutrifft, stellen Sie sich die Frage, was Sie mit den Gefühlen verbinden, die Sie nicht aus eigener Erfahrung kennen. Sind sie Ihnen wirklich fremd oder wollen Sie diese nur nicht wahrhaben? Vielleicht fallen Ihnen doch noch eigene Beispiele dazu ein. Achten Sie auf jeden Fall zukünftig verstärkt auf das eigene Erleben und stellen Sie sich immer wieder – in verschiedenen Situationen – die Frage: Wie geht es mir jetzt, wie fühle ich mich eigentlich? Auf Dauer werden Sie in der Lage sein, auf die emotionalen Reaktionen Ihrer Umwelt besser reagieren zu können.

Trainieren Sie Ihre Sensibilität auch, indem Sie mehr unter Menschen gehen, mit ihnen ins Gespräch kommen und sich selbst und ihre Umgebung beobachten. Sprechen Sie mit guten Freunden über ihre Emotionen. Und setzen Sie sich Situationen aus, die für Sie fremd sind. Seien Sie neugierig auf das, was dann mit Ihnen geschieht. Lassen Sie sich von guten Freunden eine Rückmeldung über ihr emotionales Verhalten geben. Welche Wirkung hat das auf Sie?

Im Rahmen einer Verhaltenstherapie können Menschen lernen, ihre Gefühle zu hinterfragen und sie damit letztendlich zu verändern. Sie lernen dabei zu verstehen, weshalb sie wütend reagieren, aber auch, dass Wutausbrüche kein Schicksal sind, sondern gesteuert werden können. Sehr erfolgreich ist diese Therapie auch bei der Behandlung von Ängsten (Höhenangst, sozialer Angst, „Platz-Angst", Panikstörungen) und Depressionen.

Jedem Gefühl gehen Gedanken, Einstellungen und Bewertungen voraus. Verändere ich meine Gedanken, so verändert sich auch mein Gefühl. Wie das aussehen kann, zeige ich Ihnen an folgendem Beispiel: Vor einigen Jahren hatte ich in meiner psychologischen Praxis eine junge Klientin, die mehrmals durch eine Prüfung gefallen war. Ihr Selbstwertgefühl ging gegen Null, und sie traute sich nun gar nichts mehr zu – weder schulisch noch privat. Sie fühlte sich als Null. Das war schlecht, denn beim dritten und letzten Versuch musste sie die Prüfung schaffen, und dabei sollte ich ihr helfen. Eines ihrer schlimmsten Erlebnisse in dieser Zeit bestand darin, mit einer Aldi-Einkaufstüte von einer Mitschülerin gesehen zu werden. Es war ihr schrecklich peinlich und sie wäre am liebsten im nächsten Mäuseloch verschwunden. Begründen konnte sie ihr Gefühl (noch) nicht; sie fand es völlig normal, dass es peinlich ist, mit einer Aldi-Tüte einzukaufen. Sie konnte noch nicht verstehen, wieso ich das nicht auch peinlich fand.

Im Verlauf einer Therapiesitzung entdeckte Manuela die hinter dem Gefühl „Scham" stehenden Gedanken. Vereinfacht waren das die folgenden: „Die Aldi-Tüte zeigt an, ich kaufe da, wo es billig ist und wo vorwiegend Leute mit wenig Geld ihre Besorgungen machen. Wenn ich mit einer solchen Tüte herumlaufe, zeigt das, dass ich zu dieser Gruppe gehöre, also wenig Geld habe. Menschen mit wenig Geld haben es zu nichts gebracht. Sie sind nichts wert und das ist peinlich. Ich möchte nicht zu denen gehören, die zu dieser Kategorie zählen."

Der Umkehrschluss wäre demnach konsequent durchgedacht: Mit einer Gucci- oder Dior-Tüte herumzulaufen bedeutet: Ich bin reich, ich gehöre zu den Upper-Ten, ich bin ein wertvoller Mensch. Übrigens beruht auf diesem Phänomen der Erfolg der Markenware. Als Manuela verstand, dass der Wert eines Menschen nicht vom Aufdruck auf einer Plastiktüte abhängt, konnte sie gelassener damit umgehen. Übungshalber stolzierte sie danach mit einer Aldi-Tüte über den Hamburger Jungfernstieg und fand das dann doch gar nicht mehr so schlimm.

Scham und Peinlichkeit finden wir häufig oder meistens bei Menschen, die unter ihrem geringen Selbstbewusstsein leiden. Wer lernt, seine Gefühle zu verstehen und die zu Grunde liegenden Gedanken zu verändern, kann letztendlich auch selbstbewusster und mit wenig oder gar keiner Angst Prüfungen und ähnliche Situationen bestehen. Übrigens: Manuela schaffte die Prüfung.

Welche Rolle spielt die innere Stimme?

1987 wurde eine junge Investmentbankerin verlacht, als sie sagte: „Raus aus den Aktien!" Sachlich begründen konnte sie das nicht. Nur wenige vertrauten ihrem Urteil. In der Folge erlebte der Aktienmarkt einen Einbruch um mehr als 20 Prozent und sie wurde als eine moderne Wahrsagerin gefeiert, was auch wiederum nicht sachdienlich war. Sie war schlicht und einfach ihrer Intuition gefolgt, ihrer inneren Stimme, die übrigens in der Regel eher den Frauen zugestanden wird. Heute weiß man, dass Intuition kein Hirngespinst, sondern eine wissenschaftlich belegbare Tatsache ist, die von Neuropsychologen belegt wird. Männliche und weibliche Gehirne unterscheiden sich demnach in einigen Arealen deutlich von einander. Der Forscher Philip Goldberg lokalisierte den sechsten Sinn im weiblichen Gehirn auf dem Corpus callosum, dem so genannten „Balken", der beide Gehirnhälften miteinander verbindet. Bei Frauen ist dieser stärker ausgebildet. Somit kann bei ihnen zwischen den beiden Hirnhälften, der eher logischen und der eher kreativen, deutlich besser vernetzt werden. Frauen sollen nicht nur geschickter im Aktienhandel sein (was mittlerweile auch bewiesen ist), sondern auch bei der Auswahl ihrer Mitarbeiter.

Ich habe in meinem Leben einige Entscheidungen gegen meine innere Stimme gefällt. Letztendlich waren es Fehlentscheidungen. Ein Beispiel: Es ging um die Wahl des Vorsitzenden eines Vereins, dessen Mitglied ich war. Er war mir spontan unsympathisch und ich wählte ihn nur deshalb, um die Vereinsgeschäfte mangels Vorstand nicht zu gefährden. Ein Jahr später, in dem übrigens die Vereinsgeschäfte nahezu brachlagen, wollte ich eine Quittung für meine gezahlten Beiträge in Höhe von 400 Mark haben. Er reagierte nicht und es stellte sich heraus, dass nicht nur sämtliche Vereins-Gelder auf seinem Privatkonto verschwunden waren, auch er selbst war monatelang wie vom Erdboden verschluckt. Kurz danach brach dieser Verein, der sich sozialen Belangen widmete, auseinander. Meine innere Stimme hatte mich also gewarnt, ohne dass ein konkreter Anlass bestanden hatte. Ich hätte auf sie hören sollen.

Eine andere Beobachtung: Vor vielen Jahren wurde mir eine neue Kollegin vorgestellt, die mir von Anfang an nicht ganz geheuer war. Leistungsmäßig konnte ich es nicht begründen, denn sie arbeitete in einer anderen Niederlassung. Nach vier Monaten, einen Tag bevor diese Kollegin einen Urlaub antreten wollte, hatte sie einen Termin mit unserem Chef, um Zwischenergebnisse vorzustellen. Dreist erklärte sie ihm, sie sei nicht fertig geworden, da sie auf Unterlagen von mir gewartet hätte. Dies war schlicht gelogen. Mein Chef rief mich noch am selben Abend an, um mir mitzuteilen, dass sie ihre Kündigung bekommen hatte.

Schlagen Sie auch nach bei

→ Empathie

Literaturhinweise

Gershon, Michael. *Der kluge Bauch: Die Entdeckung des zweiten Gehirns.* Goldmann 2001

Goleman, Daniel. *EQ: Emotionale Intelligenz.* dtv 1997

Goleman, Daniel / Boyatzis, Richard / McKee, Annie. *Emotionale Führung.* Econ 2002

Sprenger, Reinhard. Das Prinzip der Selbstverantwortung: Wege zur Motivation. Campus 2002

Stavemann, Harlich. *Im Gefühlsdschungel: Emotionale Krisen verstehen und bewältigen.* Beltz 2001

Steiner, Claude / Perry, Paul. *Emotionale Kompetenz.* dtv 1999

Wurzer, Jörg. *30 Minuten für beruflichen Erfolg mit Emotionaler Intelligenz.* GABAL 1999

Empathie

Bill Clinton wird die für Politiker besondere Gabe der Empathie nachgesagt, mit der es ihm während seiner Präsidentschaft häufig gelang, andere Menschen, ob aus dem eigenen oder sogar aus dem gegnerischen politischen Lager, für sich zu gewinnen. Wenn er anlässlich von Katastrophen wie Bombenattentaten oder Wirbelstürmen mit den Opfern und Hinterbliebenen sprach und mit Tränen in den Augen sein Mitgefühl zum Ausdruck brachte, fühlten sich die Menschen von ihm verstanden.

Was versteht man unter Empathie?

Ein ähnlich klingendes Wort ist Ihnen bekannt: Sympathie. Worin unterscheiden sich nun Sympathie und Empathie? Während Sympathie eine Vorstufe der Empathie ist und eher Mitgefühl auf oberflächlicher Ebene meint, geht Empathie ein Stück weiter und ist soviel wie Einfühlung, verstehen, was den Gefühlen zu Grunde liegt. Über Empathie war in der Zeitschrift Psychologie Heute vom Mai 2001 zu lesen: „Einfühlung oder Empathie ist mehr als Sympathie – es ist die Fähigkeit, genau hinzuhören und hinzusehen, um die Gedanken und Gefühle eines anderen zu erkennen. Diese Fähigkeit ist uns angeboren – aber wir machen zu wenig Gebrauch davon..." Empathie bedeutet also auch, anderen das Gefühl zu geben, man verstehe sie wirklich und man interessiere sich für sie. Aber aufgepasst: Es geht hier keinesfalls darum, anderen etwas vorzuspielen, was nicht wirklich da ist. Empathie ist mehr als ein spontanes Mitgehen. Empathisch sein bedeutet, in die Haut des anderen zu schlüpfen, die Welt aus dieser Perspektive zu betrachten und sich entsprechend zu verhalten. Empathie setzt Toleranz und Offenheit voraus. Wer im Grunde seines Herzens meint, Arbeitslose seien selbst Schuld an ihrem Schicksal, wird natürlich kaum in der Lage sein, sich in deren Situation zu versetzen, die sich differenzierter darstellt. Das Urteil ist bereits gefällt und lässt somit ein sich Hineinversetzen nicht mehr zu. Empathisches Verhalten kann man übrigens auch bereits bei Neugeborenen beobachten, die das Weinen anderer Kinder hören und selbst zu weinen beginnen. Bereits Kleinkinder spiegeln also die Gefühle anderer.

Wie wichtig ist Empathie im Berufsleben?

Empathie ist zum einen gewiss eine Haltung, die jeden Kontakt und jede Kommunikation mit anderen Menschen befördert, das Zusammensein bereichert und für dauerhafte Beziehungen sorgt. Im Berufsleben gibt es aber darüber hinaus Bereiche, die ohne Empathie nicht funktionieren würden. Stellen Sie sich eine Verkäuferin vor, die nicht in der Lage ist, am Gesicht des Kunden und an seiner Körperhaltung Signale seiner Kaufbereitschaft oder auch seiner Kaufzurückhaltung abzulesen. Wie kommt sich eine Kundin wohl vor, wenn sie den Eindruck gewinnt, dass man ihr zweifelndes Stirnrunzeln nicht wahrnimmt, um ihr dann ein Kleid aufschwatzen. Ihre Konsequenz wird sein, diesen Laden nicht mehr zu betreten. Gewonnen hat hingegen eine Verkäuferin, die sensibel genug ist, die Mimik der Kundin zu deuten und deren Zweifel zu reflektieren: „Sie fühlen sich nicht wohl darin? Ja, ich denke, das andere Modell stand Ihnen auch besser."

Im Beruf spielt Empathie auf jeden Fall in allen kundenorientierten Bereichen eine Rolle, wo etwas verkauft wird. Seien es Produkte oder Dienstleistungen. Empathie spielt aber auch als Führungseigenschaft eine immer größere Rolle. Wo im Verhältnis zwischen Vorgesetztem und Mitarbeiter statt Empathie nur Leistungsdenken vorkommt, wird die Motivation zu kurz kommen. Zudem sind empathische Chefs wesentlich hilfreicher, wenn es darum geht, in kritischen Situationen oder bei Konflikten ausgleichend zu wirken.

Empathie ist übrigens eine Kompetenz, eine Haltung und keine Technik, ohne die Psychotherapie nicht möglich ist. Dies gilt ebenso für die Arzt-Patienten-Beziehung. Das Wissen um die Funktion und die Bedeutung von Empathie haben wir Carl Rogers, einem berühmten amerikanischen Psychotherapeuten und dem Erfinder der Selbsterfahrungsgruppen zu verdanken. Seine Lehren fließen seit den sechziger Jahren in die in Deutschland häufig praktizierte Gesprächstherapie mit ein und tragen zu deren Wirksamkeit bei.

In einem Gespräch, dass nicht empathisch ist, werden Gefühle und Empfindungen nicht zurückgespiegelt (→ Aktives Zuhören). Es ist vielmehr wie ein Pingpongspiel. Einer spielt dem anderen den Ball zu. Auch solche Gespräche haben natürlich ihre Berechtigung. Denn damit wir uns recht verstehen: Sie müssen nicht immer und überall empathisch sein. Wichtig ist, im rechten Moment zu wissen, wann Sie Mitgefühl ausdrücken. Empathie ist übrigens eine der fünf Komponenten der → Emotionalen Kompetenz.

Wie empathisch sind Sie?

Schätzen Sie sich selbst ein. Was trifft auf Sie zu?

- Ich bin über die persönlichen Probleme meiner Kollegen informiert.
- Es fällt meiner Umgebung leicht, mir zu vertrauen.
- Ich muntere andere gerne auf.
- Ich teile meine Gefühle auch im Beruf mit anderen.
- Es fällt mir leicht, die nicht-sprachlichen Signale meiner Mitmenschen zu deuten.

- Ich kann die Emotionen anderer an deren Gesichtsausdruck erkennen.
- Es fällt mir leicht, mich auf die Denkstrukturen anderer einzulassen und die Welt mit deren Augen zu sehen.
- Ich bin in der Lage, Mitgefühl zu beweisen.
- Ich stelle eher Fragen und höre mehr zu als selbst zu reden.

Je öfter Sie zustimmen konnten, um so höher sind Ihre empathischen Fähigkeiten entwickelt.

Schlagen Sie auch nach bei

→ Aktives Zuhören
→ Emotionale Intelligenz
→ Kundenorientierung

Literaturhinweise

Ciaramicoli, Arthur P. / Kecham, Katherine. *Der Empathie-Faktor: Mitgefühl, Toleranz, Verständnis.* dtv 2001

Rosenberg, Marshall B. *Gewaltfreie Kommunikation: Aufrichtig und einfühlsam miteinander sprechen. Neue Wege in der Mediation und im Umgang mit Konflikten.* Junfermann 2001

Fehlerkompetenz

Der Papst tut es; Bill Clinton, Königin Elisabeth, Helmut Kohl und Boris Becker tun es: Sie machen Fehler. Alle standen monatelang im Licht der Öffentlichkeit und mussten es sich gefallen lassen, dass über ihre Fehler diskutiert wurde. Sie haben daraus gelernt und sind vielleicht auch ein bisschen klüger geworden. Fehler und Schwächen sind menschlich und nur, wer nichts tut, dem unterlaufen auch keine Fehler. Das bedeutet, nur Menschen, die sich rühren, die aktiv im Leben stehen und etwas bewegen, sei es privat oder beruflich, gehen das Risiko ein, Fehler zu machen und somit auch menschliche Schwächen zu zeigen. Ed Land, dem Schöpfer der Polaroidkamera wird folgender Ausspruch zugeschrieben: „Ein Fehler ist ein Ereignis, dessen großer Nutzen sich noch nicht zu deinem Vorteil ausgewirkt hat."

Was ist mit „Fehlermanagement" gemeint?

Dieser Begriff beschreibt die Art und Weise, wie man konstruktiv mit Fehlern umgeht: Es gilt, sie zu analysieren, sich mit ihnen und ihren Folgen kompetent auseinandersetzen, daraus Optimierungsvorschläge zu entwickeln und daran zu arbeiten, dass sie zukünftig vermieden werden. Kurz: Es geht um eine Verhaltensänderung. Fehlerkompetenz oder Fehlermanagement ist also die Fähigkeit oder das Verfahren, wie man aus einem Fehler den größtmöglichen Nutzen für die Zukunft zieht.

Erinnern Sie sich an den Elchtest, der vor einigen Jahren die Firma Mercedes zum Gespött machte? Unter großer Eile war die A-Klasse von Mercedes auf den Markt geworfen worden. Dabei hatte man es versäumt, dafür zu sorgen, dass sich die Modelle auch durch eine stabile Kurvenlage auszeichneten. Mit dem Ergebnis, dass das Fahrzeug unter bestimmten Bedingungen umkippte. Mit großer Sorgfalt und ausreichender Zeit wurde anschließend monatelang von Konstrukteuren und Entwicklern analysiert, was die Ursache für die Schieflage war. Entstanden ist ein sicherer Wagen, der sich sehr gut verkauft. Ein weiteres nachahmenswertes Beispiel: Fehlermanagement im Team führen die Mitarbeiter einer Bielefelder Internet-Agentur durch. Allwöchentlich wird – ohne Häme – der „Fehler der Woche“ gekürt. Alle Mitarbeiter steuern ihre persönlichen Beispiele bei, die in der Runde diskutiert werden. Gemeinsam erarbeitet man dann Strategien, wie diese Fehler in der Zukunft vermieden werden können. Eine geniale Idee, finde ich!

Wie denken Sie über Fehler?

Haben Sie Lust auf ein kleines Experiment? Wenn ja, bitte weiterlesen, wenn nein, diesen Absatz überschlagen (was allerdings ein Fehler wäre!): Schreiben Sie spontan alles auf, was Ihnen zum Thema Fehler einfällt. Es sollten mindestens zehn Gedanken, Begriffe oder Ideen sein. Nun teilen Sie diese danach ein, ob sie von Ihnen positiv oder negativ bewertet werden. Wie sieht Ihre Bilanz aus? Finden sich in Ihrer Liste mehr positive oder mehr negative Gedanken? Je nachdem, wie Ihre Bilanz aussieht, wird auch Ihr Verhältnis zum Thema Fehler beschaffen sein.

Hier ein weiteres Experiment, zu dem ich Sie einladen möchte: Sie sitzen entspannt, vielleicht mit geschlossenen Augen, auf Ihrem Stuhl. Wenn Sie die richtige Sitzposition gefunden haben, atmen Sie ein paar Mal tief ein und aus. Versuchen Sie dabei, an nichts zu denken und lenken Sie dann Ihre Aufmerksamkeit auf einen riesigen rosa Elefanten mit einem hellblauen Rüssel. Wenn Sie ihn bildlich vor sich haben, studieren Sie ihn genau: Wie groß mag er sein? Welche Farbe haben seine Augen? Sind seine Wimpern auch rosa oder hellblau? Alles präsent? Die nächste und letzte Stufe des Experiments besteht nun darin, dass Sie sich bewusst nicht mehr an diesen Elefanten erinnern. Sie streichen ihn einfach aus Ihrem Gedächtnis. Sie denken einfach nicht mehr an dieses lächerliche Wesen, das es so nicht gibt und das seine Daseinsberechtigung lediglich in diesem idiotischen Test hat. Abgemacht? Ab sofort interessiert Sie dieses Wesen nicht mehr. Ende des Experiments!

Warum machen uns Fehler das Leben häufig zur Hölle?

Eine Antwort auf diese Frage erhalten Sie, wenn Sie sich einmal Ihr persönliches Brainstorming zum Thema Fehler anschauen und sich hier die negativen Assoziationen vornehmen. Ich habe diese Frage den Teilnehmern verschiedener Personaltrainings vorgelegt und erhielt dabei folgende Antworten. Fehler sind höchst unerwünscht, weil

- ich als dumme Person dastehen könnte,
- ich Angst davor habe, mich lächerlich zu machen,
- andere schlecht von mir denken,
- mir meine Fehler so sehr nachgehen, dass ich dabei sämtliche Erfolge vergesse,
- ein Fehler ein Beweis dafür ist, dass man ein fachlicher Betrüger ist und eigentlich nicht auf der Gehaltsliste der Firma stehen sollte,
- ich ein Nichts bin, wenn ich Fehler mache, denn ich bin die Summe aus Fähigkeit und Leistung.

Wer so oder so ähnlich denkt, wird natürlich in seinem Verhalten stark geprägt durch die Angst, Fehler zu machen. Der Gedanke „Ich darf alles, bloß keinen Fehler machen!" wird ihn beherrschen. Und dies führt leider häufig dazu, dass genau das eintritt, was es unbedingt zu vermeiden gilt: Es werden Fehler gemacht. Also ein Teufelskreis!

Wie geht es Ihrem rosa Elefanten? Ist es Ihnen gelungen, ihn aus Ihren Gedanken zu verbannen, was ja Ihre Aufgabe war? Vermutlich nicht, denn unser Gehirn kann die Negation „Nicht an den Elefanten denken!“ oder „Keinen Fehler machen!“ gar nicht verarbeiten. Das Gegenteil tritt ein: Man denkt ständig daran. Im Falle der Fehlervermeidung macht es also keinen Sinn, sich vorzunehmen, keinen Fehler zu machen, wohl aber zu denken: „Ich bin gut und werde Erfolg bei der Bewältigung der Aufgabe haben. Sollte mir einmal etwas nicht gelingen, so ist dies auch keine Katastrophe, denn ich lerne auch aus meinen Fehlern.“

Wie geht man mit Fehlern um?

Die Angst vor Fehlern führt leider auch dazu, sie zu vertuschen, zumal dann, wenn Sie die Erfahrung machen, dass Ihre Umgebung Fehler nicht nur nicht toleriert, sondern sie sogar bestraft. Die ist leider häufig so. Die meisten Chefs wollen am liebsten nichts von den Fehlern hören, die Sie gemacht haben. Beim idealen Mitarbeiter hat schließlich alles zu laufen. Das enthebt Sie jedoch nicht der Verantwortung, für Fehler geradezustehen. Wie sollten Sie sich also verhalten, wenn sie einen Fehler gemacht haben?

- Informieren Sie Vorgesetzte unverzüglich, wenn Probleme auftauchen, denn deren Behebung wird umso teurer, je länger Sie warten.

- Versuchen Sie, das Problem, den Fehler, zusammen mit einem Lösungsansatz zu übermitteln. Besser noch: Versuchen Sie, den Fehler an eine gute Nachricht zu koppeln: Lieber Herr Müller, wir haben endlich den ersehnten Auftrag der Xenon-AG bekommen. Wenn wir den bearbeiten wollen, müssen wir allerdings den Kundendienst für unseren Drucker umgehend bestellen, da dieser ausgefallen ist.

- Schieben Sie Fehler nicht auf andere ab: Auch wenn es oftmals – und leider mit Erfolg – völlig anders praktiziert wird: Stehen Sie zu Ihren Fehlern, suchen Sie nicht nach Ausflüchten. Statt sich zu rechtfertigen oder gar zu verteidigen, arbeiten Sie aktiv an der Lösungssuche mit. Selbstbewusste Menschen wissen, dass Fehler menschlich sind und sind sich zu schade dafür, ihre wertvolle Zeit mit Ausflüchten zu vertun.

- Lassen Sie sich allerdings auch keine Fehler von anderen unterjubeln. So weit darf Kollegialität dann doch nicht gehen!

- Passiert ist passiert. Versuchen Sie aus dem Fehler zu lernen. Gehen Sie also zukunftsorientiert an die Problemlösung: Was muss beim nächsten Mal anders/besser gemacht werden?

- Lernen Sie, sich ihre Fehler zu verzeihen.

- Beim Fehlermachen stehen Sie nie allein da. Denken Sie daran: Auch Ihren Chefs sind schon viele Fehler unterlaufen.

- Haben Sie Geduld und geben Sie nicht auf, wenn´s schief gelaufen ist. Und: Nahezu jedem Fehler kann man einen positiven Aspekt abringen.

- Denken Sie daran: Man kann nicht erfolgreich sein, wenn man nicht bereit ist, ein Risiko einzugehen. Dazu hat Bill Gates einmal gesagt: „Erfolg ist ein sehr schlechter Lehrmeister."

Machen Sie sich keine Vorwürfe, wenn ein Fehler zum ersten Mal passiert. Fehler stellen eine Lernmöglichkeit dar und sind eine Herausforderung, besser zu werden. Wirklich „dumme"

Fehler gibt es kaum – wenn ja, dann handelt es sich dabei um Fehler, die ständig auftreten und in Unachtsamkeit oder Faulheit begründet sind.

Schlagen Sie auch nach bei

→ Krisenkompetenz
→ Kritikfähigkeit

Literaturhinweis

Dörner, Dietrich. *Die Logik des Misslingens: Strategisches Denken in komplexen Situationen.* Rowohlt 2002

Fleet, James K. van. *Die 22 grössten Management-Fehler... und wie man sie vermeidet.* moderne industrie 2001

Freeman, Arthur / DeWalf, Rose. *Die 10 dümmsten Fehler kluger Leute: Wie man klassischen Denkfehlern entgeht.* Piper 2002

Führungskompetenz

Jahrelang arbeitet man auf dieses Ziel hin: eine Position mit Führungsaufgaben! Nicht mehr auf Weisungen hin tätig zu sein, sondern selbst Weisungen zu erteilen. Selbstbestimmt zu arbeiten und eigene Visionen umzusetzen. Besprechungen zu leiten, statt geleitet zu werden, Aufgaben zu delegieren, vielleicht auch über ein größeres Büro zu verfügen und eine Sekretärin zu haben, statt seine Briefe selbst zu schreiben und seine Reisen eigenhändig zu organisieren. Macht zu haben, über die man zuvor nicht verfügte und nicht zuletzt auch ein höheres Gehalt.
Und dann stellt man desillusioniert fest, dass Führen aus Mitarbeitersicht immer viel leichter aussah, die konkrete Realität sich aber völlig anders gestaltet. Plötzlich ist man mit Tätigkeiten konfrontiert, denen man früher am liebsten aus dem Weg ging: zum Beispiel bei öffentlichen Veranstaltungen reden, viel reisen, einen Großteil der Zeit in Besprechungen verbringen, sich ständig mit anderen abstimmen müssen und von Vorgesetzten und Mitarbeitern in den Schwitzkasten genommen werden. Man registriert bei sich, dass die vorhandene Sachkompetenz einem zwar den begehrten Führungsjob eingebracht hat, dass einem damit aber nicht automatisch auch Fähigkeiten im Umgang mit Mitarbeitern in den Schoß gefallen sind, die jedoch über den Erfolg mitbestimmen. Dumm gelaufen, stellt man fest und fragt sich dann, was denn eigentlich Führungskompetenz ausmacht.

Was versteht man unter Führungskompetenz?

In einer Befragung der Egon Zehnder International, einem renommierten Personalberatungs-Unternehmen, interpretierten die befragten High Potentials Führungskompetenz als geglückte Mischung aus Ergebnis- und Teamorientierung, wobei der Einbeziehung und Entwicklung des Teams großer Wert beigemessen wurde. Darüber hinaus wurde die Fähigkeit, auch unpopuläre Entscheidungen zu treffen, benannt, die erfolgreiche von weniger erfolgreichen Führungskräfte unterscheidet. In diesem Zusammenhang stellt sich die Frage, ob es die „ideale“ Führungskraft gibt. Nicht ideal soll sie sein, sondern wirksam, antwortet jedenfalls der Schweizer Managementguru Fred Malik. Die ideale Führungskraft kann es auch deshalb nicht geben, weil die Anforderungen der Mitarbeiter und der Unternehmensleitung von Betrieb zu Betrieb völlig verschieden sind.

In meinem Berufsleben bin ich wenigen Menschen begegnet, die ich persönlich als ideale Führungskraft bezeichnen würde, womit ich eine Persönlichkeit meine, die gleichermaßen über persönliche und fachliche Qualitäten verfügt. Dabei gehört „Führung“ zu den Managementthemen, die in nahezu jedem firmeninternen Fortbildungskatalog zu finden sind. Natürlich ist das Thema „Führung“ auch Teil der Personalentwicklung und der Karriereplanung. Das Ergebnis ist jedoch weniger überzeugend. In meinen Seminaren und Beratungsgesprächen werde ich häufiger mit den negativen als mit den positiven Ergebnissen von Führung konfrontiert. Insbesondere erschreckt mich immer wieder die schlechte Gesprächskultur, die fehlende Kompetenz und die mangelnde Bereitschaft, mit Konflikten unter den Mitarbeitern umzugehen. Der Mobbingreport der Bundesanstalt für Arbeitsschutz und Arbeitsmedizin aus dem Jahre 2002 bestätigt dies eindrucksvoll. Die Entstehung und Entwicklung von Mobbing steht im direkten Zusammenhang mit Defiziten im Führungsverhalten. Hier werden vor allem die fehlende Transparenz bei Entscheidungen und der fehlende Informationstransfer beklagt. Dies zur Teamorientierung.

Sieht man sich die wirtschaftlichen Ergebnisse deutscher Aktiengesellschaften der letzten Jahre an, so sind auch Zweifel an der Ergebnisorientierung vieler Topmanager angebracht: Ohne Rücksicht auf Verluste korrigieren diese ihre Gehälter munter nach oben. Wenn dann die Kosten gesenkt werden müssen, kennen sie jedoch seit Jahren nur ein Rezept: das Personal in erheblichem Umfang zu dezimieren.

Was unterscheidet erfolgreiche von nicht erfolgreichen Führungskräften?

Dieser Frage ging Fred Malik vor Jahren nach und fand heraus, dass erfolgreiche Manager weder bestimmte Tugenden, noch bestimmte Charakter- oder Persönlichkeitseigenschaften gemeinsam haben. Auch die Schulbildung und die soziale Herkunft spielen keine Rolle. Wirksame Leistungsträger

- haben den Blick fürs Ganze,
- handeln ergebnisorientiert,
- konzentrieren sich auf das Wesentliche,
- nehmen vorwiegend die Stärken ihrer Mitarbeiter wahr,
- sorgen für eine Vertrauensbasis,
- denken positiv,
- haben Ziele im Blick und führen mit Zielen,
- organisieren, entscheiden, kontrollieren, entwickeln und fördern Menschen,
- sind bestens organisiert (Zeitmanagement),
- trennen sich von unrentablen Geschäftsfeldern.

Kann man Führung lernen?

Bevor ich diese Frage beantworte, zuerst eine Frage an Sie: Möchten Sie überhaupt führen? Stehen Sie am liebsten vorne oder bevorzugen Sie es, sich in der zweiten Reihe oder weiter hinten aufzuhalten? Können Sie sich vorstellen allein, mit Ihren Sorgen und Ängsten, vor Entscheidungen zu stehen und diese auch allein zu fällen? Halten Sie es aus, dass die ganze Abteilung böse auf Sie ist, weil Sie unpopuläre Entscheidungen umsetzen müssen? Schaffen Sie es, Ihren Mitarbeitern – den ehemaligen Kollegen – zu kündigen?

Wenn Sie vorwiegend mit „Ja“ geantwortet haben, bringen Sie ein gutes Rüstzeug für eine Führungsposition mit. Aber sind Sie auch wirklich bereit für die Führung? Wie ist Ihr Verhältnis zur Macht, denn Führung bedeutet zwangsläufig, mit Macht umzugehen. Wenn Sie sich damit befassen möchten, beantworten Sie die folgenden Fragen bitte schriftlich:

- Was fällt Ihnen spontan zu Macht ein?
- Welche Machtsymbole kennen Sie, welche sind bereits in Ihrem Gebrauch?
- Welche Fähigkeiten und Eigenschaften unterstellen Sie Menschen, die Macht ausüben?
- Wo üben Sie bereits jetzt Macht aus?
- Wie fühlen Sie sich, wenn Sie Macht ausüben?

Diskutieren Sie die Ergebnisse mit guten Freunden und ziehen Sie Ihre Schlüsse daraus. Im Zusammenhang mit Führung bedeutet „machen" und „etwas bewirken" übrigens, andere im eigenen Sinne zu beeinflussen – und nicht, wie es leider häufig der Fall ist, sie zu missbrauchen. Ein unbefangenes Verhältnis zur Macht ist die Voraussetzung dafür, dass man als Führungskraft etwas bewirken kann.

Malik geht übrigens sehr wohl davon aus, dass Führung erlernbar ist. Entscheidungsfähigkeit ist für ihn eine wesentliche Qualität, die Führung ausmacht und die erlernbar ist. Wenn Sie wirklich wissen möchten, ob Sie über Führungsfähigkeit verfügen, aber im Beruf derzeit keine Möglichkeit haben, dies zu testen, suchen Sie sich ein Feld, in dem Sie sich ausprobieren können, ohne dass gleich Ihr Job gefährdet ist. Übernehmen Sie Führungsverantwortung in dem Verein, in dem Sie Mitglied sind, in einer Bürgerinitiative oder werden Sie Elternbeirat in der Schule ihres Kindes. Im Bereich der Ehrenämter gibt es viele Möglichkeiten, Führungskraft zu sein. Und auch andersherum wird ein Schuh daraus: Viele Unternehmen legen großen Wert darauf, dass sich ihre (angehenden) Führungskräfte außerhalb des Jobs engagiert haben. Trainertätigkeiten im Sportverein oder eine Position in der studentischen Selbstverwaltung werden durchaus positiv gewichtet.

Führung kann man aber auch „on the job“ lernen. In verschiedenen Großunternehmen und Verwaltungen wird seit einigen Jahren ein Instrument der Personalentwicklung eingesetzt, das die Führungsfähigkeiten von Vorgesetzten im Fokus hat und nicht unumstritten, jedoch hoch wirksam ist: das Mitarbeiter-Feedback (auch 360-Grad-Feedback), bei dem Mitarbeiter ihre Chefs beurteilen. Im direkten Vergleich des Selbstbildes (wie ich mich verhalten möchte und wie ich mich sehe) und des Fremdbildes (wie ich gesehen werde) hat die Führungskraft die Chance, die eigenen blinden Flecken ihres Führungsstils zu reflektieren und aus den unerwünschten Abweichungen – meist mit Hilfe eines Coaches – zu lernen.

In Ihrem zukünftigen Job als Führungskraft werden Sie sich oft genug einsam fühlen. Nutzen Sie deshalb die Möglichkeit, in Netzwerken und Verbänden das Gespräch und den Austausch mit Kollegen zu suchen. Sie werden sehen, mit Ihren Problemen stehen Sie nicht alleine da. Darüber hinaus können Sie sich mit Hilfe eines Coachs mit Ihrer Rolle als Führungskraft auseinandersetzen und anstehende Fragen bezüglich des Führungsverhaltens klären.

Schlagen Sie auch nach bei

→ Emotionale Intelligenz
→ Empathie
→ Fehlermanagement
→ Konfliktfähigkeit
→ Kritikfähigkeit
→ Krisenkompetenz
→ Networking

Literaturhinweise

Bruce, Anne / Pepitone, James S. *Mitarbeiter motivieren: Der Praxisratgeber für die neue Führungsposition.* Campus 2001

Döttling, Dieter. *Praxiswissen für junge Chefs: 3 Kompetenzen und 11 Gebote, das ist alles.* Walhalla 2002

Goldfuss, Jürgen W. *Trouble-Shooting für den ersten Führungsjob: Schnelle Lösungen für die brennendsten Probleme.* Campus 2002

Goldfuss, Jürgen W. *Endlich Chef – was nun: Was Sie in der neuen Position wissen müssen.* Campus 2000

Malik, Fredmund. *Führen – Leisten – Leben: Wirksames Management für eine neue Zeit.* Heyne 2001

Oppermann-Weber, Ursula. *Handbuch Unternehmenspraxis: Führungspraxis.* Cornelsen 2001

Westerholt, Birgit. *Frauen können führen: Mut zur Karriere: Fähigkeiten erkennen, Barrieren überwinden, Kompetenz erweitern.* Beltz 1998

Humorpotenzial

Wer einmal richtig gelacht hat, weiß aus eigenem Erleben, dass Lachen entspannt und einfach gut tut. Beim Lachen werden Endorphine produziert, das sind natürliche, körpereigene Botenstoffe, die Schmerzen dämpfen. Wiederum andere beim Lachen ausgeschüttete Stoffe hemmen Entzündungen. Vitale Körperprozesse wie das Herzkreislaufsystem, die Atmung (beim Lachen nimmt der Körper drei- bis viermal soviel Sauerstoff auf wie sonst), das zentrale Nervensystem und die Skelettmuskulatur werden positiv stimuliert. Lachen ist also die beste Medizin und zudem sind beim Lachen circa 80 Muskeln im Gesicht in Bewegung, die einem die sympathischen Augenfältchen verleihen. Gründe genug, dafür zu sorgen, dass das Lachen auch am Arbeitsplatz nicht zu kurz kommt. Viele Personalverantwortliche würden die Frage, ob sie lieber humorvolle oder bierernste Mitarbeiter haben möchten, zu Gunsten der Humorvollen beantworten. Dennoch finden Humor und die angebliche Spaßgesellschaft in Deutschland offensichtlich nur im Privatleben statt. Im Geschäftsleben hingegen herrscht Zwang zur Sachlichkeit. Aufgrund der Tabuisierung von Gefühlen gehört Mut dazu, Emotionen in Form von Humor zuzulassen. Beim Karrieremachen wird Nicht-Emotionalität geradezu belohnt. An der Spitze von Unternehmen und Verwaltungen wird in der Regel in Form von „Management by Coolness“ geführt.

Was ist Humor?

Unter Humor versteht man im Allgemeinen eine wohlwollende, gutmütige, versöhnliche Heiterkeit und Haltung dem Leben gegenüber. Humor ermöglicht eine gelassene Betrachtung menschlicher Schwächen aber auch das Erdulden von Leid und sogar Grauen. Mit Hilfe von Humor können wir uns von Dingen, von anderen Menschen, aber auch von uns selbst distanzieren und alles nicht so Ernst nehmen. Der viel zitierte Spruch „Humor ist, wenn man trotzdem lacht“, weist den Weg in diese Richtung und deutet an, dass man auf empathisches und warmherziges Verhalten dabei nicht verzichten muss. Humor geht also weit hinaus über Albernheiten oder Kaspereien.

Humor ist der Überbegriff für Comedy und Witz, aber auch für Ironie und Sarkasmus. Der Humorforscher (ja, auch so etwas gibt es) Arthur Berger hat 45 verschiedene Typen von Humor entdeckt. Humor wird völlig individuell gelebt und auch erlebt. So scheiden sich heute die Geister an den Comedy-Stars der Privatsender, und in früheren Zeiten stießen auch Karl Valentin, Charles Chaplin, die Marx Brothers oder Heinz Erhardt nicht unbedingt überall auf ungeteilte Sympathie. Der Gelotologe William Fry (Lachwissenschaftler) spricht sogar davon, dass Humor so etwas wie ein psychologischer Fingerabdruck ist – einzigartig und unverwechselbar. Humor bedeutet letztendlich miteinander zu lachen, nicht aber über einander.

Weshalb ist Humor auch am Arbeitsplatz wichtig?

Die Tendenz der Deutschen zum Tragischen, Schweren und Bierernsten erschwert bisweilen immer noch den unbefangenen Umgang mit Humor. Im Berufsalltag trifft man dann auf Aussagen wie „Hier wird nicht gelacht, hier wird gearbeitet“; Wenn im Büro gelacht wird, fragen sich 80 Prozent der Chefs und Chefinnen: „Haben meine Leute nichts zu tun?“ Wer sich mit der Rolle und Funktion von Humor befasst hat, weiß, welches Potenzial so verschenkt wird.

Anfang der achtziger Jahre erlebte ich bei einer Tätigkeit als Sekretärin in Hamburg folgende Situation. Es war der Donnerstag vor Karneval, Altweiberfastnacht, nachmittags gegen 15 Uhr. Die Rheinländer und Karnevalsjecken trafen sich mehr oder weniger spontan zu einem kleinen Sektumtrunk in einem Büro. Neben Schunkeln und dem Absingen frecher Karnevalslieder gehörte auch das Abschneiden der Herrenkrawatten zur Tradition dieses Tages. Die Trophäen hingen bereits schön aufgereiht an der Wand und wurden minütlich von Neuzugängen ergänzt. Plötzlich wurde die Tür aufgerissen und der Geschäftsführer – seines Zeichens ein gebürtiger Thüringer, den man ansonsten in diesen Räumen nie zu Gesicht bekam – stand in der Tür. Er zeichnete sich dadurch aus, dass er Betriebsversammlungen stets mit Parolen wie „Der Wind kommt von vorn“ oder „Wir müssen uns warm anziehen“ einleitete. Nun fragte er vorwurfsvoll, was denn los sei. Das Lachen blieb uns allen in der Kehle stecken, gestandene Männer wurden bleich, und nach und nach gingen alle bedröppelt an ihren Arbeitsplatz zurück. Ich will hier nicht verschweigen, dass dieser Geschäftsführer seinen Laden äußerst erfolgreich führte und auch im Jahre 2002 immer noch an der Spitze dieses prosperierenden Unternehmens steht. Dennoch denke ich auch im Nachhinein, dass eine derartige Situation mit ein bisschen Humor und mit Hilfe eines „Humorberaters“ besser hätte bewältigt werden können.

Früher hatte man bei Hof die Hofnarren, die dem König Dinge sagen durften, die für andere undenkbar waren. Heute gibt es den Beruf des Humorberaters – auch dies eine amerikanische Neuschöpfung. Die US-Firma „Playfair“, zu deren Themen der Aufbau erfolgreicher Teams durch Einbeziehen von Lachen, Spaß und Spiel gehört, hat sich voll und ganz der Förderung von Fröhlichkeit und Verspieltheit verschrieben und damit in den beratenen Unternehmen große Erfolge erzielt. Einige wenige deutsche Unternehmen haben mittlerweile auch damit begonnen, mit Humor an ihrer Corporate Identity zu arbeiten, um neben der Teambildung auch den Kundenservice durch Humor zu verbessern.

Weshalb Humor bei der Arbeit wichtig ist:

- Humor ist ein Stress- und Spannungskiller und macht somit vieles erträglicher.

- Humor fördert die zwischenmenschliche Kommunikation und das Wir-Gefühl.
- Humor hilft beim Abbau von Konflikten und verhindert unter Umständen deren Entstehung.
- Humor trägt zum besseren Teamgefühl und zu einer erhöhten Motivation und Leistungsbereitschaft bei.
- Humor fördert ein Klima, in dem auch Veränderungen möglich sind.
- Humor erhöht die Produktivität und die Loyalität dem Unternehmen gegenüber.

Ist Humor trainierbar oder erlernbar?

Sie haben vielleicht erkannt, dass Humor eigentlich noch nicht Ihre Sache ist, Sie ihn aber dazu machen möchten und fragen sich, ob Sie sich Humor antrainieren können, so wie Sie auch gelernt haben, öffentlich zu sprechen. Mit dem Humor ist es wie mit der Spontanität. Die meist nicht ernst gemeinte Aufforderung „Sei mal spontan", die ja ein Widerspruch in sich ist, lässt sich weitgehend auch auf den Humor übertragen. Humor bedeutet ja nicht das Absingen alberner Lieder, das stundenlange Herunterbeten von blöden Witzen oder das bewusste Lächerlichmachen einzelner Personen. Humor beschreibt eine Haltung zum Leben, er hat etwas mit Persönlichkeit und mit den bisherigen Lernerfahrungen zu tun. Humor ist etwas kindlich Spontanes aber auch Tiefsinniges und Hintergründiges, das Menschen sich bewahrt haben, denn die Fähigkeit, Humor zu empfinden und auszudrücken ist angeboren – bereits Babys lächeln. Das Humorpotenzial ist also vorhanden, wird aber entweder – aus Angst und Verklemmtheit – unterdrückt oder wie viele Dinge abtrainiert, weil es „sich nicht gehört". Den meisten

Menschen ist der Humor offensichtlich durch gesellschaftliche Verformung abhanden gekommen und muss wieder reanimiert werden.

Wer die natürlich-spontane Humorbegabung im Laufe der Jahre verlernt hat, kann diese durch eine spezifische Wahrnehmungslenkung wieder neu erlernen. Achten Sie dabei gezielt auf ulkige, schräge Situationen in Ihrem Leben. Lassen Sie Lachen zu, egal was andere dabei denken könnten. Ich kann mich immer wieder über Cartoons freuen. Schon wenn ich an den einen oder anderen denke, fange ich an zu lachen. Kostprobe gefällig? Einmal fand ich in einem Kartenständer eine Postkarte, die mich zu einem spontanen Heiterkeitsausbruch veranlasste: Im oberen Teil der Karte sieht man eine Frau, die von einem Mann auf ihre entblößte Brust aufmerksam gemacht wird. Der untere Teil zeigt diese Frau mit entsetztem Gesichtsausdruck. Sie schreit: „Mein Gott, ich habe das Baby im Bus liegen lassen!“

Eine weitere Möglichkeit, sich für Humor zu sensibilisieren: Erinnern Sie sich an Konfliktsituationen aus dem Berufs- oder Privatleben und überlegen Sie sich humorvolle Alternativen zu diesen ernsten Situationen. Oder: Schauen Sie sich ruhig das eine oder andere Mal Kabarettisten im Fernsehen oder auf der Bühne an. Schreiben Sie ein Humortagebuch. Halten Sie dort die komischen Erlebnisse fest, die ihnen der Alltag bietet – witzige Dinge, die Sie sehen, hören oder lesen. Und tauschen Sie Ihre Erfahrungen mit anderen aus.

Weshalb sind humorvolle Menschen angenehmer?

Humor macht das Leben leichter, und humorvolle Menschen sind angenehme Geschäftspartner. Warum ist dies so?

- Humor zeugt von einer optimistischen Einstellung, und wer umgibt sich schon gern mit Pessimisten und Griesgramen?

- Die Gesellschaft von humorvollen Menschen trägt zum allgemeinem Wohlbefinden bei.
- Fröhliches, spontanes Lachen wirkt ansteckend.
- Ohne Humor kann man nicht gut motivieren.
- Humor hat die Kraft, Menschen einander näher zu bringen.
- Humor in einem Unternehmen steigert die Ergebnisse, Angst senkt sie.
- Die Wissenschaft spricht humorvollen Menschen Kreativität, Vitalität, Begeisterungsfähigkeit und Taktgefühl zu.
- Humorvolle Menschen können mit Nähe und Distanz sensibler umgehen.
- Humorvolle Menschen leben gesünder und sind seltener krank.

Wussten Sie übrigens,

- dass der indische Arzt Madan Kataria 1995 eine Yoga-Lach-Technik als Therapieform entwickelte?
- dass von Indien aus die weltweite Gründung von Lachklubs erfolgte und dass es auch in Deutschland Lachklubs gibt?
- dass alljährlich ein Humorkongress in Basel stattfindet.
- dass Humor auch bei uns therapeutisch eingesetzt wird, zum Beispiel durch Clowns in Kinderkliniken. Vergessen Sie also bei allem Ernst in Ihrem Leben nicht: Humor ist, wenn man trotzdem lacht!

Schlagen Sie auch nach bei

→ Emotionale Intelligenz
→ Empathie
→ Teamfähigkeit

Literaturhinweise

Rieger, Jacqueline. *Der Spaßfaktor: Über die Vereinbarkeit von Spass und Arbeit.* Gabal 1999

Weinstein, Matt. *Motivation: 52 Ideen für ein motiviertes Arbeitsjahr.* Wirtschaftsverlag Carl Ueberreuther 2001

Interkulturelle Kompetenz

Deutschland ist seit langem eine klassische Exportnation. Globalisierungsbedingt gibt es Firmenfusionen mit allen Ländern der Welt und dadurch über die nationalen Grenzen hinweg ausgerichtete Aktivitäten der Unternehmen. Immer häufiger werden Projekte gestartet, die Wirtschaftspartner aus verschiedenen Nationen an einen Tisch bringen, und in internationalen Unternehmen werden Teams mit Menschen aus unterschiedlichen Kulturkreisen gebildet, die innerhalb kürzester Zeit effizient arbeiten müssen. Da steht dann auf einmal der Manager aus Deutschland neben einem Spezialisten aus Japan und beide haben denselben Arbeitgeber. Die Aventis AG wird beispielsweise von einem deutsch-französischen Vorstandsteam geführt, polnische Fabriken arbeiten für deutsche Hersteller, die auf dem internationalen Markt tätig sind. Wir kommen also nahezu in allen Bereichen des Wirtschaftslebens mit anderen Kulturen zusammen. Deutsche Arbeitnehmer und Führungskräfte haben ihren Arbeitgeber im Ausland, oder aber sie arbeiten in Deutschland mit ausländischen Vorgesetzten. Dies erfordert eine hohe Anpassungsbereitschaft. Mit gutem Willen allein ist es in der Zusammenarbeit jedoch nicht immer getan. „Wir fördern gezielt internationales Teamwork" lautete deshalb auch eine Anzeige der Degussa in *Junge Karriere* (11/2001). Interkulturelle Kompetenz ist also eine Erwartung, die viele Arbeitgeber an Ihren Nachwuchs haben, der damit jedoch bisweilen – aus unterschiedlichen Gründen – völlig überfordert ist.

Was ist mit „interkultureller Kompetenz" gemeint?

Interkulturell kompetente Menschen erkennen die Eigenheiten anderer Kulturen an und lassen sich darauf ein, ohne sich jedoch zu verbiegen oder gar ihre eigene Herkunft zu leugnen. In der Zusammenarbeit fragen sie sich nicht: Wie muss ich sein und wie musst du sein, sondern: Wie können wir beide am besten zusammenarbeiten? Voraussetzung für interkulturelle Kompetenz ist Flexibilität im Denken und Handeln, Unvoreingenommenheit, Lernbereitschaft und der Wille und die Fähigkeit, sich in andere Kulturen einzufühlen (→ Empathie) sowie eigene Normen und Werte in Frage zu stellen. Also zu akzeptieren, dass die Herkunftskultur eine von vielen ist. Wichtig ist es auch zu wissen, welchen Ruf Deutsche im Ausland haben, ob sie zum Beispiel als ehrgeizig, leicht übermotiviert oder verbissen wahrgenommen werden.

Welche Rolle spielt die Sprache?

Um andere Kulturen zu verstehen und sich auf sie wirklich einzulassen und interkulturell kommunizieren zu können, ist die Kenntnis der Landessprache eigentlich unumgänglich. Gerade bei nicht geläufigen Sprachen wird das Erlernen jedoch nicht immer möglich sein, was gewiss zu Reibungsverlusten führt. Fast überall wird mittlerweile jedoch die Beherrschung der englischen Sprache erwartet und internationale Kundenbeziehungen erfordern dies geradezu. In internationalen Konzernen wie zum Beispiel Philips oder Daimler-Chrysler ist Englisch Konzernsprache. Während vor Jahren ein deutscher Bundeskanzler immerhin 16 Jahre regierte, ohne der englischen Sprache mächtig zu sein, kann sich das heute kein international tätiger Manager mehr leisten. Die fließende Beherrschung mehrerer Sprachen ist keine Seltenheit mehr und erklärt vielleicht damit auch das im Vergleich zum Bundeskanzler exorbitant hohe Einkommen dieser Menschen.

Was ist in anderen Ländern anders?

Wenn Auslandseinsätze misslingen, dann liegt dies selten an mangelnder Fachkompetenz. Häufig liegt es an fehlendem Wissen über Geschäftsgepflogenheiten oder die mitreisende Familie kommt mit den veränderten und zum Teil völlig unbekannten Bedingungen nicht klar. Je weiter Sie sich von Ihrem Heimatland und damit von Ihrer vertrauten Umgebung entfernen, um so mehr müssen Sie damit rechnen, dass Sie auf Sitten und Gebräuche im Alltags- und Berufsleben stoßen, die Ihnen fremd vorkommen, die anders, aber nicht schlechter sind. Selbst in unseren europäischen Nachbarländern läuft manches anders als wir es kennen. Zu Beginn eines Auslandsaufenthalts kann es da schon einmal zu einem Kulturschock kommen. Sie sollten deshalb grundlegende Kenntnisse über die Länder haben, in denen Sie Geschäfte machen möchten und sich kundig machen über so „banale“ Dinge wie korrektes Begrüßen und allgemeine Etikette, das gesellschaftliche Leben, über Hierarchien und Geschäftsgebaren, Managementsysteme und Verhandlungsstil. Wie sehr sich die Gepflogenheiten in anderen Ländern von dem unterscheiden können, was uns vertraut ist, will ich Ihnen an einigen Beispielen aufzeigen.

China

China ist für deutsche Unternehmen der Zukunftsmarkt schlechthin. Während der chinesische Geschäftspartner Ende der siebziger Jahre noch im Mao-Kittel herumlief, tritt er heute in Anzug und Krawatte auf, was allerdings nicht dazu verführen sollte, die kulturellen Fallstricke zu übersehen, die zahlreich ausgelegt sind. So ist beispielsweise die Rangordnung in China heilig und ein Verstoß gegen sie kann das Ende der Beziehungen bedeuten. Vor nahezu unlösbare Probleme werden Geschäftsleute gestellt, die die Sitzordnung bei Verhandlungen verstehen wollen. Diese sind sehr kompliziert und für uns nicht auf den ersten Blick nachvollziehbar. Bei Geschäftsessen ist es angebracht, nicht über das Geschäft und politische Themen zu sprechen. Selbst erfahrene Manager werden immer wieder durch die hartnäckigen Fragen ihrer chinesischen Partner aus dem Konzept gebracht. Sie empfehlen deshalb vor allem eines: Geduld, Geduld, Geduld.

Frankreich

Die Franzosen empfinden den deutschen Führungsstil als zu brutal – sie gehen diplomatischer mit ihren Mitarbeitern um. Heikle Dinge werden nicht direkt angesprochen, um persönliche Verletzungen zu vermeiden. Der deutsche Manager ist in Frankreich bekannt dafür, dass er Sach- und Beziehungsebene, Berufliches und Persönliches trennt. Was ihn außerdem auszeichnet, häufig aber auch zu Problemen führt, sind seine Zuverlässigkeit und seine Termintreue. Wenn Franzosen nämlich eine halbe Stunde zu spät zum Meeting kommen, ist dies für sie nichts Ungewöhnliches, während der wartende deutsche Manager innerlich vor Wut kocht. Wobei Deutsche sich nichts dabei denken, wenn Sie beim Sitzen ein Bein über das andere schlagen, was den Franzosen jedoch ein Dorn im Auge ist. Franzosen stellen sich gern dar, telefonieren viel, schreiben wenig auf und sind insgesamt personenorientierter. Es wird wesentlich mehr Wert auf die Beziehungsgestaltung gelegt. „Lassen Sie sich Zeit" ist die Devise im Kundenkontakt und so ist es auch durchaus üblich, Geschäftsbeziehungen und geschäftliche Abschlüsse bei einem Fünf-Gänge-Menü zu feiern.

Italien

Italiener sind pikiert, wenn man zu einem Treffen pünktlich auf die Minute erscheint. Und selbst bei hohen Hitzegraden ist elegante Kleidung im Business angesagt. So sind italienische Männer im Vergleich zu manchem deutschen Kollegen eine wahre Augenweide.

Islamische Länder

Neben vielem, was hier anders ist, sollten Sie unbedingt daran denken, die linke Hand niemals zum Gruß zu reichen und diese bei Tisch nicht benutzen, denn sie gilt als unrein. Im geschäftlichen Bereich sollte man daran denken, dass Verhandlungen nach unserem Geschmack häufig chaotisch verlaufen, ähnlich dem Feilschen im Basar. Ruhe und Geduld sind hier Voraussetzung, will man den geschäftlichen Erfolg.

Japan

Das Wissen um die Sitten und geschäftlichen Gebräuche bei unserem größten Handelspartner in Asien ist naturgemäß besonders wichtig. Einfühlungsvermögen aufgrund vieler Unterschiede ist hier besonders angesagt. Der Japaner ist ein Gruppenmensch, Entscheidungen werden nur in der Gruppe getroffen und dauern von daher entsprechend länger. Schweigen und damit auch Zuhören gelten in Japan als hohe Tugenden während bei uns rhetorisch gewandte Menschen und Vielredner eher Bewunderung finden. Wer sich einmal daneben benommen hat, dem anderen zum Beispiel ins Wort gefallen ist oder sich im Beisein anderer die Nase putzt, hat es zukünftig schwer, wieder geschäftlich Fuß zu fassen und noch schlimmer: Der Fehltritt wird auch anderen Geschäftspartnern mitgeteilt. Ihren japanischen Geschäftsfreunden bringen Sie bitte auch keine vierteiligen Geschenke mit, da diese Zahl unbeliebt ist, bedeutet sie doch „Tod“.

Osteuropa

Anfang der neunziger Jahre hatten ein Kollege und ich auf einer Bildungsmesse den stellvertretenden Minister eines baltischen Staates kennen gelernt, der uns wenig später auch einen Besuch abstattete. Der Herr Minister sprach fließend deutsch, war sehr interessiert an unseren Produkten und brannte darauf, unser Know-how in seinem Land anzuwenden. Es folgte ein Gegenbesuch, der allerdings etwas anders verlief. Nach den Geschäftsverhandlungen wurde mein Kollege bei einem Rundgang durch die Hauptstadt von einigen Teilnehmern der Gesprächsrunde (nicht dem Minister!) freundlich aber bestimmt gebeten, sich erkenntlich zu zeigen. Sie hatten ihn in ausgesuchte Geschäfte geleitet und deutlich gemacht, welche Konsumgüter das Ergebnis der Verhandlungen verbessern würden. Ob dieses Gebaren typisch für baltische Länder ist, möchte ich an dieser Stelle nicht behaupten. Wichtig erscheint mir hier der Hinweis, dass man einfach damit rechnen muss, mit solchen Forderungen konfrontiert zu werden. Und dies kann für alle Länder gelten. Wenn es Ihr Job ist, Verhandlungen zu führen, sollten Sie diese Fragen vorab mit Ihren Vorgesetzten klären und Ihren Verhandlungsspielraum kennen.

USA

US-Arbeitgeber sind in Deutschland bei vielen jungen Leuten beliebt, verheißt eine Anstellung bei ihnen ein hohes Einkommen, viel Spaß und vor allem Internationalität. Leicht vergessen wird dabei, dass von den Mitarbeitern eine manchmal schon fast selbstausbeuterische und temporeiche Leistungsbereitschaft erwartet wird, die zu einer hohen Identifikation mit dem Unternehmen führt. Automatische Beförderungen, nur weil man lange genug dabei ist, gibt es nicht. Jeder bekommt die Chance, sich durch Leistung zu beweisen.

Dass Amerikaner hart und schonungslos zur Sache gehen, weiß die bundesrepublikanische Öffentlichkeit spätestens seit dem öffentlichen Verhör von Boris Becker. Was man demnach nicht vermutet: Amerikaner sind harmoniebedürftig und lieben Kritik in Verpackung. Wenn überschwängliche Anerkennung für die Leistung des Partners geäußert wird, erwartet auch die Gegenseite Lob, was für viele Deutsche ungewohnt ist. Um so mehr können wir uns wiederum mit der gewünschten Pünktlichkeit der Amerikaner identifizieren. In Verhandlungen sind

Amerikaner stark ziel- und nutzenorientiert. Details und technische Einzelheiten interessieren sie nicht und von Problemen zu sprechen ist nicht „in". Amerikaner lieben die Selbstdarstellung und beherrschen diese Kunst auch in einem Maße, das uns eher aufgesetzt erscheint.

Wie erlangt man interkulturelle Kompetenz?

Es gibt viele Tipps für den Aufenthalt in anderen Ländern und Kulturen, die Sie nachlesen können. Am besten ist jedoch der Sprung ins kalte Wasser, also das Leben im Ausland. Dies kann und sollte auch bereits sehr früh durch einen Schüleraustausch geschehen oder durch Sprachreisen mit Aufenthalt bei ausländischen Gastfamilien. Mittlerweile haben auch viele Studenten den Wert eines Auslandssemesters oder eines Auslandspraktikums erkannt. Darüber hinaus bietet natürlich auch jede Urlaubsreise die Möglichkeit, andere Menschen und deren soziales Umfeld kennen zu lernen.

Ein beruflich bedingter Aufenthalt im Ausland ist eine Angelegenheit, die nicht spontan erfolgen sollte, sondern vielmehr gründlich vorbereitet sein muss. Die Planung und Vorbereitung darf nicht Ihre alleinige Angelegenheit sein. Eine Umfrage der Zeitschrift *Capital* (2/2002) brachte es an den Tag: Von den 200 größten Unternehmen in Deutschland bekannten sich immerhin 20 Prozent dazu, dass den Mitarbeitern außer Sprachenunterricht keine Vorbereitung für den Auslandsaufenthalt geboten wird. Einem längeren beruflichen Aufenthalt im Ausland muss aber auf jeden Fall ein spezielles interkulturelles Training vorausgehen, das unter optimalen Bedingungen direkt in den Entsendefirmen durchgeführt wird. Der Arbeitgeber muss also die nötigen Voraussetzungen dafür schaffen, dass der Aufenthalt zum einen ein betrieblicher Erfolg wird, zum anderen für Sie einen Karrieresprung darstellt. Bereits seit 1990 beginnt man bei BASF drei Monate vor dem Auslandsaufenthalt damit, die betreffenden Mitarbeiter darauf vorzubreiten. Übrigens gemeinsam mit Partnern und Kindern. 330 Personen kamen 1999 in den Genuss dieser Maßnahmen.

Ungeachtet aller guten Vorbereitungen kann es dennoch vorkommen, dass „Expatriates“ den typischen Auslandskoller bekommen. Sie sind jedoch darauf vorbereitet und können damit umgehen, wenn der Anpassungsprozesses etwa wie folgt abläuft:

- Erste Phase: Eine etwa dreimonatige Euphorie, die bereits vor dem Umzug beginnt und geprägt ist durch einen hohen Aktivitätspegel, große Begeisterungsfähigkeit für die nahe liegende Zukunft, hohe Erwartungen und Vorfreude. Dem folgt große Anspannung bis hin zu psychosomatischen Symptomen (Erschöpfung, Schlaflosigkeit).

- Zweite Phase: Im Gastland kehrt nach drei bis sechs Monaten der Alltag ein. Der Lack ist ab, Enttäuschungen und Irritationen machen sich breit. Man ist noch nicht ganz da, aber auch kein Tourist mehr.

- Dritte Phase: Nach etwa einem halben Jahr ist die Krise überstanden. Die Integration beginnt, man lässt sich verstärkt auf das Gastland ein und hört damit auf, dieses mit dem Herkunftsland zu vergleichen.

Ein Auslandsaufenthalt der ein Misserfolg war, schadet dem Renomée des Unternehmens, Ihnen selbst und er kostet viel Geld. Was Sie sich deshalb vor einem Auslandsaufenthalt gut überlegt haben sollten:

- Liegt Ihnen Ihre zukünftige Heimat auf Zeit überhaupt? Können Sie sich vorstellen, mit der Mentalität dort zurechtzukommen? Wenn Sie unsicher sind: Wie wäre es mit einem Kurzurlaub vorab, um sich zu testen?

- Sind Sie in der Lage, sich anzupassen und sich gegebenenfalls unterzuordnen. Wie steht es also mit Ihrer Flexibilität?

- Ist Ihnen klar, dass Sie im Ausland auf andere genauso fremd wirken wie diese auf Sie und dass Sie im Ausland immer Ausländer sind?

- Sind Sie sicher, dass Ihr Unternehmen Ihnen Ihre Stelle in Deutschland freihält oder Ihnen eine adäquate Stelle für die Rückkehr zusichert? Der Auslandsjob sollte nicht das Ende Ihrer Firmenkarriere sein, frei nach dem Motto „Als Tiger abspringen und als Bettvorleger landen“.

- Sind Sie sich der Unterstützung Ihrer Familie völlig sicher? Ist Ihre Partnerschaft krisensicher? Hat Ihr/e mitreisende/r Partnerin/Partner Ideen für eine sinnvolle Beschäftigung im Ausland?

Schlagen Sie auch nach bei

→ Benehmen und Outfit
→ Empathie
→ Mobilität
→ Veränderungskompetenz

Literaturhinweise

Baumer, Thomas. *Handbuch interkulturelle Kompetenz.* Orell Füssli 2002

Götz, Klaus (Hg.). *Interkulturelles Lernen / Interkulturelles Training.* R. Hampp Verlag 2000

Herbrand, Frank. *Fit für fremde Kulturen: Interkulturelles Training für Führungskräfte.* Haupt 2002

Lin-Huber, Margrith. *Chinesen verstehen lernen: Wir – die Anderen: Erfolgreich kommunizieren.* Hans Huber 2001

Nothomb, Amélie. *Mit Staunen und Zittern.* Diogenes 2000

Strohschneider, Stefan. *Kultur – Denken – Strategien: Eine indische Suite.* Hans Huber 2001

Thomas, Alexander. *Beruflich in China: Trainingsprogramm für Manager, Fach- und Führungskräfte.* Vandenhoeck & Ruprecht 2001

Hier können Sie sich vor einem Auslandsaufenthalt schlau machen:

Carl Duisberg Centren (CDC)
Tel. 0221/16 26-250
www.cdc.de

Deutscher Akademischer Austauschdienst (DAAD)
Tel. 0228/882-0
www.daad.de

Institut für Interkulturelles Management (IFIM)
Tel. 02224/94 95-0
www.ifim.de

Interkult
www.interkult.de

Service Civil Deutschland
www.sci-d.de

Internet-Tipps
www. ahk-arabia.de
www. chinaweb. de
www. eujapan.de
www. usaforum.de

Konfliktfähigkeit

Menschen, die miteinander schaffen, machen einander zu schaffen! Konflikte in der Arbeitswelt sind also im Grunde etwas völlig Normales, vorausgesetzt, man kann mit ihnen vernünftig umgehen und kehrt sie nicht unter den Teppich. Wer sich jedoch vor Augen führt, dass in Deutschland jährlich circa 1,2 Millionen Menschen bei der Arbeit gemobbt und zum Teil aus ihr herausgemobbt werden – eine klare Folge unbewältigter Konflikte beziehungsweise unzureichender Konfliktkompetenz – wird sich fragen, wie es dazu kommen konnte. Konflikte gehören zum täglichen Leben. Wir finden sie im Alltags- und im Berufsleben und auch in der Schule, das heißt im privaten, gesellschaftlichen und im beruflichen Bereich. Während wir also von Konflikten umgeben und mit ihnen permanent konfrontiert sind, ist ein konstruktiver Umgang mit Konflikten offensichtlich immer noch nicht selbstverständlich. In einigen Bundesländern erkannte man bereits vor Jahren, dass Konfliktkompetenz eine Basisfähigkeit für den Umgang miteinander ist: In manchen Schulen bildet man mit Erfolg so genannte Schüler-Mediatoren aus, die Konfliktparteien dabei unterstützen, eine Lösung für ihr Problem zu finden. In vielen Büroetagen ist man jedoch noch längst nicht so weit. Auf die Bitte, in einem Mitarbeiterkonflikt zu schlichten, reagieren viele Vorgesetzte nach wie vor mit der Bemerkung: „Als Erwachsene müssen Sie das auch allein können“. Sie können nicht, denn sie haben es ja schon allein probiert. Bei einem Konfliktseminar, das ich für Mitarbeiterinnen einer Behörde durchführte, erfuhr ich eher zufällig, dass zwei Teilnehmerinnen von ihrem Chef zum Seminar geschickt worden waren, weil sie sich am Arbeitsplatz dauerhaft in den Haaren lagen. Für diese Kolleginnen wäre es gewiss hilfreich gewesen, ihren Konflikt im Seminar zum Thema zu machen und Lösungen dafür zu finden. Noch besser wäre es gewesen, wenn der Chef ins Seminar gekommen wäre, um zu lernen, wie er wirksame Mitarbeiter-Vorgesetzten-Gespräch führt, anstatt die Bewältigung seines Führungsproblems an die „Opfer“ zu delegieren.

Was ist mit Konfliktfähigkeit gemeint?

Ich will eine gängige Konfliktdefinition vorausschicken: Ein Konflikt entsteht dann, wenn gegensätzliche beziehungsweise miteinander konkurrierende Handlungstendenzen, Wünsche, Erwartungen, Ziele, Werthaltungen aufeinandertreffen oder Kämpfe um Ressourcen geführt werden.

Konflikte treten auf unterschiedlichen sozialen Ebenen auf.

- Beim Individuum: Der Mitarbeiter einer Spedition möchte mehr Geld verdienen, er ist allerdings nicht bereit, dafür den von der Firma angebotenen Job in einer anderen Stadt anzunehmen. Sein Konflikt: Aufgabe der sozialen Beziehungen in seinem Heimatort oder mehr Geld.

- Zwischen Personen: Konflikte in einer Paarbeziehung, unter Kollegen, zwischen Vater, Mutter und Kind.

- Innerhalb einer Gruppe: Wenn in einem Team unterschiedliche Vorstellungen über Vorgehensweisen bestehen.

- Zwischen verschiedenen Gruppen: Die Teams einer Firma können ebenso konfliktreich miteinander verstrickt sein wie die Fans verschiedener Fußballclubs.

- Zwischen Einzelpersonen und Gruppe: Wenn zum Beispiel ein Lehrer mit einer Schulklasse in Konflikt gerät, weil die Klassenarbeit von den Schülern als zu schwer empfunden wurde.

Wer konfliktfähig ist,

- besitzt die Fähigkeit, Konfliktphänomene in sich selbst wahrzunehmen: also zum Beispiel den Ärger zu spüren und auch zuzulassen den ich empfinde, wenn mein Kind sich beim Essen daneben benimmt.

- hat ein Gespür für konfliktbehaftete Bedingungen in seinem Umfeld. Er oder sie spürt es, wenn die Luft zwischen zwei Kollegen oder Mitarbeitern immer dicker wird und vielleicht ein Wort reicht, um das Fass zum Überlaufen zu bringen.

- weiß und versteht, was Konflikte anheizt und sie am Leben erhält.

- geht Konfliktgesprächen nicht aus dem Weg.

- ergreift nicht jeden Fehdehandschuh, der ihm gereicht wird. Manchmal ist es gut, etwas „stehen zu lassen", es gelassen und ohne Rachegedanken zu ertragen und einmal nicht Recht zu bekommen.

- hat einfühlendes Verständnis für die Beweggründe des Konfliktpartners.

- ist in der Lage, sein Anliegen auch so vorzutragen, dass eine konfliktbeladene Situation nicht noch zusätzlich verschärft wird.

- kann vielfältige Methoden anwenden, mit denen er im Konflikt sein Anliegen zum Ausdruck bringt, ohne damit den Konflikt anzuheizen.

- weiß, dass nicht jeder Konflikt für alle gleichermaßen befriedigend ausgeräumt werden kann. Er erkennt seine Grenze und holt sich im Zweifelsfall Hilfe von außen.

Konfliktfähige Menschen wissen, dass man sich im Leben immer zweimal begegnet. Selbst wenn die Auseinandersetzungen scharf geführt werden, achten sie darauf, dass sie fair bleiben und kein Schlachtfeld hinterlassen. Sie achten darauf, nicht zu verallgemeinern „Du lügst, wo du gehst und stehst", „Nie bist du pünktlich", „Immer bist du unzuverlässig" (Achtung: Du-Botschaften!). Sie legen Wert darauf, ihren Gefühlen Ausdruck zu geben und keine Verurteilungen vorzunehmen (statt „Du bist ein Mistkerl!" sagen sie „Ich bin enttäuscht, weil du mich hintergangen hast"), sie senden also Ich-Botschaften aus.

Konfliktfähigkeit bedeutet auch, genau zu wissen, wann ich noch in der Lage bin, vernünftig zu reagieren. Denn viel Porzellan wird dann zerschlagen, wenn im akuten Konfliktfall Gespräche weitergeführt oder gar Entscheidungen gefällt werden. Ein hoher Erregungspegel (Ausschüttung von Stresshormonen) sorgt nicht nur dafür, dass unbedachte Worte gesagt werden, sondern auch dafür, dass man nicht mehr klar denken kann. Deshalb sollten vor allem impulsive Menschen zuerst einmal ihre Erregung unter Kontrolle bringen. Wenn irgend möglich sollte dies durch körperliche Betätigung oder körperliche Anstrengung geschehen wie zum Beispiel spazieren gehen oder Treppen steigen statt Aufzug fahren. Eine andere Möglichkeit, sich dem Konfliktgeschehen vorübergehend zu entziehen kann darin bestehen, das Gespräch erst am nächsten Tag wieder aufzugreifen („eine Nacht drüber schlafen"). Entspannungstechniken wie Atemgymnastik, Progressive Muskelentspannung, Yoga und Autogenes Training helfen darüber hinaus auch in Konfliktsituationen, die Erregung zu drosseln.

Wie werden Konflikte erlebt?

Wie ich einen Konflikt erlebe, wie sehr er mich berührt und wie ich mit ihm umgehe, ist ein höchst individuelles Geschehen, vergleichbar mit dem Erleben von Stress. Die Konfliktwahrnehmung hängt ab von den Einstellungen und Werthaltungen und davon, welche Erfahrungen ich im Zusammenhang mit Konflikten in meinem Leben gemacht habe, denn dies prägt mein Verhalten in Konfliktsituationen. Wenn beispielsweise in der Familie immer nur Harmonie pur herrschte und schon ein etwas lauteres Wort als Katastrophe gedeutet wurde, werde ich vermutlich im Erwachsenenalter Konflikten aus dem Weg gehen oder mich dabei völlig hilflos fühlen. Eine konfliktunerfahrene Person wird wahrscheinlich größte Probleme damit haben, einen cholerischen Chef zu ertragen, denn sie hat Angst vor ihm, während ein anderer Mensch sich aus einem Schreihals überhaupt nichts macht (Hunde, die bellen, beißen nicht) und es nur komisch findet, wie erwachsene Menschen sich aufführen. Konfliktfähigkeit bedeutet also auch, den eigenen Konfliktmustern auf den Grund zu gehen und alternative Denk- und Verhaltensweisen zu erlernen, wie dies zum Beispiel in Stress-Bewältigungsseminaren geschieht.

Nicht jede Konfliktsituation lässt sich durch Gespräche klären. Wenn Sie also mit einer bestimmten Person keine Klärung herbeiführen können, muss dies nicht unbedingt an Ihrer Unfähigkeit liegen, denn „it takes two to Tango“. Viele Gespräche drehen sich deshalb im Kreis, weil die Konfliktpartner nicht in der Lage sind, festgefahrene Pfade wieder zu verlassen. So kann es dann geschehen, dass bei einem „klärenden Gespräch“ die Konflikte wieder aufbrechen, da beide Gesprächspartner aufgrund ihrer spezifischen Reaktionsmuster dramatisch miteinander verwoben sind. Hilfe von außen muss also her, vorausgesetzt, beiden liegt auch daran. In Konfliktsituationen wird leicht übersehen, dass jeder Konflikt einen Sach- und einen Beziehungsaspekt hat. Verglichen mit einem Eisberg ist die Sachebene die sichtbare Seite des Konflikts, also das, was sich oberhalb der Wasserfläche zeigt. Dies können unterschiedliche Ziele oder unterschiedliche Bewertungen sein. Bei der Beziehungsebene – also dem, was beim Eisberg unter Wasser, also unsichtbar ist – handelt es sich um sachunabhängige Faktoren, um das, was emotional zwischen den Beteiligten abläuft: Auf dieser Ebene können Vorurteile, Animositäten, unbeglichene Rechnungen im Spiel sein.

Die meisten Konflikte eskalieren vordergründig auf der Sachebene und werden meist, wenn überhaupt, auf dieser Ebene bearbeitet. Wichtig ist es jedoch, die Beziehungsebene keinesfalls auszusparen. Andererseits wirken sich wiederum ungelöste Sachkonflikte auch auf die Beziehung aus.

Dass beide Ebenen bei der Konfliktbewältigung zu beachten sind, zeigt das folgende Beispiel: In einem Seminar berichtete eine Abteilungsleiterin vom Kampf zwischen einem Mitarbeiter und einer Mitarbeiterin, die sich gegenseitig auf Teamsitzungen der Faulheit bezichtigten und verbal übereinander herfallen würden. Mir reichten die vorhandenen Informationen nicht, um diesen Konflikt wirklich auf der Sachebene angesiedelt zu sehen (wie dies die Vorgesetzte sah). Meine Vermutung war, dass es zwischenmenschliche Störungen wie zum Beispiel Verletzungen, Abweisungen oder gekränkte Eitelkeit zwischen den beiden gegeben hatte, die längst noch nicht ausgeräumt waren. Nach einigen Wochen erfuhr ich, dass ich mit meiner Vermutung richtig gelegen hatte. Die Abteilungsleiterin hatte recherchiert und wusste nun, weshalb ihre Mitarbeiter Sach- und Beziehungsebene miteinander vermischt hatten: Die beiden hatten vor nicht allzu langer Zeit ein Verhältnis miteinander gehabt, das für beide unbefriedigend endete.

Weshalb Konfliktkompetenz wichtig ist

Ungelöste Konflikte wirken sich schädlich auf das Betriebsklima aus. In Konfliktsituationen verengt sich die Wahrnehmung: Man konzentriert sich auf wenige Einzelheiten, die Aggressionsbereitschaft ist erhöht und man neigt zu extremen Verhaltensweisen wie zum Beispiel ausfallend werden, andere beleidigen, ausrasten. Man verallgemeinert zu schnell und ist nicht mehr in der Lage, Dinge differenziert zu beurteilen (Schwarz-Weiß-Denken). Dies geht bisweilen so weit, dass die Konfliktpartner nicht mehr in der Lage sind, miteinander zu kommunizieren und zu arbeiten. Teamarbeit kann dann unmöglich sein. Letztendlich ist Mobbing nur dann möglich, wenn Konflikte weiter bestehen.

Der international renommierte Konfliktberater Friedrich Glasl warnt davor, Konflikte laufen zu lassen. Er beschreibt die Gefahr, dass Konflikte eskalieren. So entsteht dann aus einer Verstimmung über acht weitere Stufen die Situation, dass beide Konfliktpartner gemeinsam in den Abgrund gehen. Beide Konfliktpartner sind also Verlierer, wenn nicht beizeiten (professionell) eingegriffen wird. Angehende Führungskräfte müssen in der Lage sein, damit umgehen zu können. Sie müssen nicht jeden Konflikt lösen, es ist jedoch ihre Aufgabe, die Konfliktbewältigung anzuschieben.

Woran kann man schwelende, also nicht offen ausgetragene Konflikte erkennen?

Damit aus einer Mücke kein Elefant wird, gilt es Alarmsignale frühzeitig wahrzunehmen. Werden Sie hellhörig und sensibel, wenn

- Formalitäten immer mehr in den Vordergrund treten und Fragen nicht mehr beantwortet, sondern Regeln vorgeschoben werden.
- Kleinigkeiten hochstilisiert werden und die gegenseitige Toleranzgrenze stetig sinkt.
- man nicht mehr miteinander, wohl aber verstärkt übereinander redet.
- Dienst nach Vorschrift gemacht wird.
- Informationen zurückgehalten werden.
- sich Cliquen bilden.

- die Frage nach dem Schuldigen der Problemlösung vorgezogen wird.

Kann man Konfliktkompetenz lernen?

Die Auswirkungen zahlreicher Konflikttrainings in Schulen zeigen, dass Kinder durchaus einen konstruktiven Umgang mit Konflikten lernen können und dass eine schnelle Faust nicht das bessere Argument ist. Aber auch Erwachsene sind in der Lage, ihre Anteile am Konfliktgeschehen zu erkennen und dementsprechend ihr Verhalten zu verändern. Zahlreiche Seminaranbieter haben dazu Kurse im Programm und wie immer sind auch hier die Volkshochschulen gute Ansprechpartner.

In den letzten Jahren hat eine Methode der Konfliktbewältigung von sich reden gemacht, die aus den USA stammt und dort mit großem Erfolg praktiziert wird: die Mediation (nicht zu verwechseln mit Meditation!). Es handelt sich dabei um ein außergerichtliches Verfahren, das im Privatbereich ebenso wie in Schule, Umwelt, Politik und Wirtschaft Anwendung findet. Im betrieblichen Umfeld beispielsweise kann Mediation hilfreich sein bei Konflikten zwischen Mitarbeitern (zum Beispiel Mobbing), zwischen verschiedenen Abteilungen, zwischen Vorgesetzten und Mitarbeitern oder zwischen Geschäftsleitung und Betriebsrat. Mediation strebt an, dass die Regelung der häufig emotional aufgeladenen Probleme eigenverantwortlich und verbindlich von den Konfliktpartnern mit Unterstützung eines Mediators erfolgt. Dies unterscheidet die Mediation von Verhandlungen oder von Interventionen durch die Einigungsstelle. Dieser Begriff aus dem Arbeitsrecht beschreibt eine Instanz, die zur Belegung von Meinungsverschiedenheiten zwischen Arbeitgeber und Betriebsrat, gebildet wird. Sie besteht aus Beisitzern die von Arbeitgeber und Betriebsrat bestellt werden. Der Vorsitzende ist unparteiisch. Mediation kann nicht von oben angeordnet werden. Sie funktioniert nur dann, wenn die

Konfliktparteien sich freiwillig dazu entschließen. Schließlich müssen sie die gemeinsam erarbeiteten Ergebnisse umsetzen. Bei der Mediation geht es nicht darum, nach Schuld in der Vergangenheit zu suchen, sondern vielmehr darum, Regelungen für eine weitere Zusammenarbeit der Konfliktparteien oder den Erhalt der Geschäftsbeziehungen zu finden. Durchgeführt werden Mediationen von speziell ausgebildeten Mediatoren. Diese sind in Bezug auf die Konfliktpartner nicht parteilich, das heißt sie bewerten und richten nicht. Vielmehr unterstützen sie beide Konfliktparteien darin, ihr Anliegen klar verständlich zu machen und Verständnis für die Sichtweise der anderen zu entwickeln. Gerade bei Firmenfusionen und der dadurch notwendigen Zusammenlegung von Abteilungen bietet sich die Mediation an, um Konflikten im Vorfeld bereits wirksam zu begegnen. Mediatoren finden Sie übrigens in den Gelben Seiten.

Schlagen Sie auch nach bei

→ Dialogfähigkeit
→ Humorpotenzial
→ Kritikfähigkeit

Literaturhinweise

Berkel, Karl. *Konflikttraining: Konflikte verstehen, analysieren, bewältigen.* Sauer 2002

Crisand, Ekkehard / Reinhard, Petra. *Methoden der Konfliktlösung: Eine Handlungsanleitung mit Fallbeispielen.* Sauer 1995

Dick, Ulla. *Keine Angst vor Mobbingfallen: Mit schwierigen Situationen im Berufsleben umgehen.* Eichborn 2001

Glasl, Friedrich. *Selbsthilfe in Konflikten: Konzepte – Übungen – Praktische Methoden.* Freies Geistesleben & Urachhaus 2002

Rosenberg, Marshall B. *Gewaltfreie Kommunikation: Aufrichtig und einfühlsam miteinander sprechen. Neue Wege in der Mediation und im Umgang mit Konflikten.* Junfermann 2001

Thomann, Christoph / Schulz von Thun, Friedemann. *Klärungshilfe: Handbuch für Therapeuten, Gesprächshelfer und Moderatoren in schwierigen Situationen. Theorien, Methoden, Beispiele.* Rowohlt 2001

Kreativität

Bei einer sehr renommierten deutschen Werbeagentur, so war vor einiger Zeit zu lesen, sitzen die Kreativen in Räumen, die bar jeden Schnörkels sind. Lediglich mit Schreibtisch, Stuhl und Laptop ausgestattet, ohne Eyecatcher an den Wänden und ohne das angebliche „kreative“ Chaos sollen ihnen die Gags einfallen, für die diese Agentur berühmt ist. Selbst auf eigene Zimmer verzichten die Mitarbeiter. Sie könnten sich ja daran gewöhnen und geistig träge werden. Man geht morgens in einen Raum, der gerade frei ist und verbringt dort seinen Tag. Die Philosophie des Unternehmens steht damit auch offensichtlich in krassem Gegensatz zu dem vom Volksmund häufig beschworenen Satz „Nur ein Genie beherrscht das Chaos“, den ich nie glauben mochte. Für mich war er immer nur eine Entschuldigung dafür, dass man seiner Unordentlichkeit frönt, und diese auch noch zum Prinzip erhebt. Besser gefällt mir ein Spruch, den ich in einem Seminar kennen lernte: „Wenn du weiterhin das tust, was du bisher getan hast, wirst du auch weiterhin nur das bekommen, was du bisher bekommen hast. Willst du das?“ Für mich bedeutet dies, Selbstverantwortung zu übernehmen, für das, was ich tue und was ich nicht tue. Und vor allem auch Mut zur Kreativität zu haben.

Was verstehen wir unter Kreativität?

Kreativität ist das Schöpferische, die Schöpferkraft, etwas Neues schaffen aus bereits vorhandenen Informationen, dabei auch ungewöhnliche Wege gehen. Nicht das tun, was alle machen. Ich selbst habe vor einigen Jahren meine Bedenken außer Acht gelassen und mir den Wunsch, etwas Neues zu machen, erfüllt. Ich habe einen Roman mir mehr als 300 Seiten geschrieben. Mein Wunschziel, ihn gedruckt in den Händen zu halten, habe ich nicht erreicht. Obwohl meine Literaturagentin sehr rührig war, hatte der Markt zu dieser Zeit wohl eher Appetit auf junge Wilde.

Dennoch habe ich meinen Entschluss nicht bereut. Ich habe während des Schreibens beglückende Erfahrungen gemacht. Die Geschichte entwickelte sich unter meiner Feder von selbst und ich habe Gedanken und Ideen hervorgebracht, von denen ich vorher nicht wusste, dass ich sie hatte. Ich weiß also, dass ich kreativer bin als ich dachte. Und das war eine sehr schöne Erfahrung.

Kreativität ist etwas Beglückendes: sich einer Sache hinzugeben, in ihr aufzugehen und alles um sich herum zu vergessen. Häufig hat Kreativität auch mit Spaß zu tun. Dies ist die eine Seite der Medaille. Man sollte jedoch nicht davon ausgehen, dass sie einem in den Schoß fällt und mühelos zu haben ist beziehungsweise nur abgerufen werden muss. Kreative benötigen ein hohes Maß an Frustrationstoleranz, womit der Verzicht auf die schnelle Belohnung gemeint ist.

Weshalb ist Kreativität auch in „normalen" Berufen wichtig?

Für viele Menschen hat Kreativität vorwiegend etwas mit künstlerischem Schaffen zu tun. Das ist zwar richtig, aber eine zu einseitige Betrachtungsweise. Ich erinnere mich an ein Interview, das ich für eine Berufsreportage mit einer Maschinenbauerin im Bereich der Medizintechnik führte. Sie schilderte mir ihre Tätigkeit als höchst kreativ, da sie einerseits Neues schuf und andererseits auch ständig Lösungen für auftretende Probleme im Produktionsprozess finden musste. Wenn man genau hinsieht, entdeckt man die kreativen Anteile, die in nahezu jedem Beruf stecken. Kreativ sein muss auch beispielsweise ein Kommissar, der einen Mord aufklärt. Kreativ müssen Wissenschaftler sein, die über viele Umwege die Lösung für ein schwieriges Problem finden wollen. Wer mit Menschen umgeht, muss kreativ sein, denn nicht jeden kann man auf dieselbe Art und Weise ansprechen, wenn man ein bestimmtes Ziel erreichen will. Ohne Kreativität wäre unsere Welt öde, die Häuser sähen alle gleiche aus (denken

Sie nur an die Monotonie von Plattenbautensiedlungen im Osten und Vorstadtsiedlungen im Westen Deutschlands).

Kreativität ist zudem eine Möglichkeit, der Monotonie vieler Tätigkeiten zu entgehen. Nach dem Abitur war ich einige Monate als Kassiererin tätig. Ein Job, der keinen Gestaltungsspielraum zulässt. Der allerdings fehlte mir sehr. Ich fand ihn dann in einer Tätigkeit, die auch zu meinem Job gehörte: Ich gestaltete die Regale beim Auffüllen der Ware. Mehr war allerdings auch nicht drin. Kreativität ist zudem angesagt, wenn etwas gänzlich Unerwartetes geschieht und improvisiert werden muss. Mehr dazu finden Sie unter dem Stichwort → Krisenkompetenz.

Was stört die Kreativität?

Wer sich über einen längeren Zeitraum schriftlich mit einem Thema befasst hat, wie beispielsweise mit einem Referat, einer Diplom- oder Doktorarbeit, kennt den Moment, in dem einem partout nichts mehr einfällt. Und dieser Moment kann Wochen oder Monate dauern. Manche Schriftsteller berichten gar über Schreibblockaden, die Jahre gedauert haben. Eine befreundete Hobbymalerin berichtete vor einigen Jahren davon, dass sie sich nun fürs erste ausgemalt hätte. So ideenlos wie sie nun sei, würde sie erst einmal den Pinsel an den Nagel hängen. Mittlerweile schwingt sie ihn wieder. Sie hatte ihre kreative Pause wohl offensichtlich nötig und hat die Zeit gelassen genutzt. Bei einer Diplomarbeit, die ja in der Regel mit Termindruck verbunden ist, sieht die Sache anders aus. Da sollte und muss man schon auf Ursachenforschung gehen, denn bisweilen stecken auch psychische Probleme dahinter, die es zu beheben gilt.

Die häufigsten Gründe für Kreativitätsblockaden:

- Zu hohe Erwartungen an die eigene Person: Damit ist der hausgemachte Stress gemeint, der sich – wenn er durchschaut wurde – beseitigen lässt. Wer die Latte immer zu hoch hängt, läuft nämlich Gefahr, seinen eigenen Ansprüchen hinterherzulaufen und sich damit selbst zu frustrieren. Lösung: auch mal mit weniger zufrieden sein.

- Allgemeiner Stress: Hektik, Unruhe, Lärm, Termindruck sind schlechte Wegbegleiter für gute Lösungen und Konzepte. Versuchen Sie, durch Entspannungsübungen und gezielte Auszeiten zu innerer Ruhe zu kommen.

- Fehlende Anregungen von Außen: Der eine sprudelt in absoluter Abgeschiedenheit vor Ideen über, ein anderer erst dann, wenn er in stetem Austausch mit seiner Umwelt ist. Lassen Sie sich von anderen inspirieren; diskutieren Sie Ihre Probleme vor allem dann, wenn sie selbst blockiert sind.

Kann man Kreativität lernen?

Jeder Mensch ist kreativ, mehr oder weniger jedenfalls. Kinder denken gar nicht darüber nach, ob sie eigentlich malen können, sie tun es einfach und sind damit kreativ. Was sie von den Erwachsenen unterscheidet, ist auch ihre ursprünglich vorhandene, ungebremste und unbefangene Neugier, die dann irgendwann einmal abtrainiert wurde mit den Worten „Sei doch nicht so neugierig“. Ich denke, fast jeder kann sich an solche Sprüche aus der Kindheit erinnern. Neugier war immer mit etwas Negativem verbunden. Eine Eigenschaft, die man sich also unbedingt abgewöhnen musste. Heute würde ich eine solche Haltung als pädagogische Fehlleistung ansehen, weiß man doch mittlerweile, dass die Gattung Mensch ohne Neugier nicht überlebt hätte. Ständiges Fragen und das Ausloten neuer Möglichkeiten, um neue Lösungen zu finden, haben zum Überleben beigetragen. „Sei nicht so verspielt“ – auch dies ist eine viel gehörte Beurteilung und Abwertung, die im Grunde Neugier verhindert, denn im Spiel und durch das Spiel wird die Welt erkundet. Auch noch im Erwachsenenalter!

Wir brauchen also Neugier und Verspieltheit, um unsere Potenziale zu entfalten. Wie sollen wir wissen, was in uns steckt, wenn wir nichts ausprobieren? Wer nie Bogenschießen ausprobiert hat, weiß nicht, dass gerade dies ein Weg sein kann, zur Ruhe zu kommen. Und wer nie mit Stiften herumgekritzelt hat, weiß nicht, wozu er zeichnerisch fähig ist. Um Ihr eigenes kreatives Potenzial zu entdecken, sollten sie deshalb auch einmal den verinnerlichten Sätzen nachspüren, die Ihnen möglicherweise im Wege stehen. Sind Sie vielleicht mit den Killerphrasen aufgewachsen

- „Das haben wir schon immer so gemacht.“
- „Das haben wir noch nie so gemacht.“
- „Das kannst du sowieso nicht.“
- „Das geht nicht.“
- „Du musst immer perfekt sein?“

Kommen Ihnen diese oder ähnliche Sätze bekannt vor? Wenn ja, bitte sofort vergessen und ersetzen durch Lehrsätze, die Ihr kreatives Potenzial erweitern, wie

- „Ich will etwas Neues probieren.“
- „Ich darf auch Fehler machen.“

Es gibt zahlreiche Bücher mit Übungen, die Ihnen dabei helfen, wieder mehr Schwung in die grauen Zellen zu bringen und das „Um-die-Ecke-denken“ neu zu erlernen. Über die Volkshochschule und andere örtliche Bildungsanbieter können Sie Seminare buchen, in denen Sie kreative Techniken wie „Brainstorming“ oder „Mindmapping“ kennen lernen und üben können.

Schlagen Sie auch nach bei

→ Krisenkompetenz
→ Veränderungskompetenz

Literaturhinweise

Csikszentmihalyi, Mihaly. *Kreativität: Wie Sie das Unmögliche schaffen und Ihre Grenzen überwinden.* Klett-Cotta 2001

Foster, Jack / Corby, Larry. *Einfälle für alle Fälle: Erfinden, Kreieren, Ausdenken – und andere Möglichkeiten, Ideen in die Welt zu setzen.* Wirtschaftsverlag Carl Ueberreuter 1998

Nöllke, Matthias. *Kreativitätstechniken.* Haufe 2002

Pierer, Heinrich von / Oetinger, Bolko von. *Wie kommt das Neue in die Welt.* Hanser 1997

Preiser, Siegfried / Buchholz, Nicole. *Kreativität: Ein Trainingsprogramm in sieben Stufen für Alltag und Praxis.* Asanger 2000

West, Michael A. *Innovation und Kreativität: Wege und Strategien für Unternehmen mit Zukunft.* Beltz 1999

Krisenkompetenz

Während meiner Zeit als Absolventin des Zweiten Bildungsweges lebte ich mit mehreren Leuten in einer Wohngemeinschaft in einem Dorf nahe bei Freiburg. Die Wohnung befand sich im neunten Stock eines Hochhauses. Eines Abends saßen wir wie gewöhnlich zusammen in der Küche beim Essen. Wir scherzten, alberten und tauschten unsere Schulerlebnisse aus, bis wir einen merkwürdigen und ungewohnten Geruch wahrnahmen, der von draußen hereinkam. Kurz danach zogen Nebelschwaden an unserem Fenster vorbei, die dort auch nichts zu suchen hatten. Wir stürzten auf den Balkon und stellten fest, dass der Nebel Rauch war, der aus einer Wohnung im vierten Stock kam. Es brannte also in unserem Hochhaus. Während mein Mitbewohner und ich gleich die Wohnung verlassen wollten – natürlich hatten wir vorher die Feuerwehr informiert – wollte unsere Mitbewohnerin unbedingt erst ihre Schultasche suchen, um sie mitzunehmen. Glücklicherweise fand sie das gute Stück sehr schnell und wir verließen über das Fluchttreppenhaus, also nicht per Lift, das Haus. Zitternd vor Erregung standen wir nach wenigen Minuten draußen. Es war noch einmal alles gut gegangen. Die Feuerwehr hatte den Brand schnell gelöscht.

Dieses Ereignis hatte für uns persönlich keine Folgen, machte uns aber nachdenklich, als wir unser unterschiedliches Verhalten in dieser Situation analysierten. Der sofortige Anruf bei der Feuerwehr war völlig richtig gewesen. Schlecht war nur, dass wir zuerst einmal vor Aufregung die Nummer der Polizei gewählt hatten. Zudem hatten wir festgestellt, dass es schwierig ist, mit zitternden Händen die richtigen Wahlknöpfe zu treffen. Eine eingespeicherte Kurzwahl hätte diese Prozedur wesentlich erleichtert. Dass unsere Mitbewohnerin auf ihre Schultasche nicht hatte verzichten wollen, zeigte uns, wie unvernünftig man sich verhalten kann, „wenn´s brennt“. Die Suche nach dem völlig wertlosen Teil hätte uns im Ernstfall wertvolle Minuten und vielleicht sogar das Leben kosten können.

Verlustreich in mehrfacher Hinsicht kann ein unerwarteter Krisenfall in der Familie sein. Wenn Familienmitglieder in jungen Jahren sterben und Vermögens- und Versorgungsfragen nicht geklärt sind, kommt zum persönlichen Verlust häufig auch noch ein finanzielles Desaster, weil man nicht daran gedacht hat, für den Fall der Fälle zu vorzusorgen. Während ich diese Zeilen schreibe, spricht ganz Deutschland vom Todesschützen in der Erfurter Schule. Das Ganze hätte jedoch noch wesentlich schlimmer verlaufen können, wenn der Schütze nicht von einem geistesgegenwärtigen Lehrer eingesperrt worden wäre. Dies ist geglücktes Krisenmanagement im Berufsleben. Zugegeben ein bislang und hoffentlich auch zukünftig äußerst seltener Fall. Viel häufiger ereilen uns Krisen am Arbeitsplatz wie die Folgenden: Die Telefonanlage fällt aus, der Rechner stürzt ab, wichtige Mitarbeiter sind krank, der Lieferant kommt seinen Verpflichtungen nicht nach... Diese Liste ließe sich endlos fortsetzen. Je nach Institution oder beruflichem Umfeld sind die Krisenszenarien sehr unterschiedlich.

Was ist mit Krisenkompetenz gemeint?

Die Fähigkeit, in schwierigen Situationen mit kühlem Kopf und klarem Verstand ruhig und überlegt zeitgerecht das Richtige zu tun, anstatt in wilden Aktionismus zu verfallen: Das ist Krisenkompetenz. Dazu gehört auch die Fähigkeit, Dinge zu analysieren, Entscheidungen zu treffen, sich mit anderen abzustimmen und in diesem Zusammenhang die Gabe, Menschen zu führen. Wer über diese Eigenschaften verfügt, wird sich bei Krisen, angefangen von der kleinen Panne bis hin zum betrieblichen Desaster, adäquat verhalten. Erinnern wir uns an den ehemaligen Lokalpolitiker, der vor Jahrzehnten aufgrund seines hervorragenden Krisenmanagements seinen Marsch bis an die Spitze der Bundesregierung antreten konnte. Wissen Sie, wer gemeint ist? Es handelt sich um Helmut Schmidt, der in seiner Zeit als Innensenator die Strippen in den Händen hatte, als Hamburg

1962 von der großen Flut überrascht wurde, die viele Menschenleben kostete. In jüngster Vergangenheit war es wiederum ein junger SPD-Politiker, der brandenburgische Umweltminister Matthias Platzeck, dem bei der großen Oderflut 1997 Ähnliches gelang, und der nun Ministerpräsident von Brandenburg ist. Von ihm wird man bundespolitisch gewiss noch hören.

Was wird in Krisensituationen falsch gemacht?

Krisensituationen erfordern in der Regel ein schnelles Eingreifen und ein beherztes und überlegtes Handeln. Am besten ein Handeln, das automatisch nach festen Plänen abläuft. In vielen krisenhaften Situationen kommt es durch blinden Aktionismus zu teuren Fehlern, die in der Situation korrigiert werden müssen und somit eine Menge Zeit kosten. Keiner weiß, was zu welchem Zeitpunkt zu tun ist. Alle laufen wild und kopflos durcheinander. Mit anderen Worten: In den meisten Firmen und den meisten Privathaushalten fehlen Pläne für Krisensituationen, in denen die Handlungsprioritäten klar festgelegt sind.

Zu meiner Schulzeit gab es regelmäßig Katastrophenalarm, bei dem sichergestellt wurde, dass die Schulräume in kürzester Zeit leer standen und die Schülerinnen geordnet das Schulgebäude verließen. Im Berufsleben habe ich so etwas nie mehr erlebt. Meine Arbeitgeber waren sich offensichtlich sehr sicher, dass es zu keinem Störungsfall kommen würde. Wie sieht es mit Katastrophenübungen an Ihrem Arbeitsplatz aus? Und zu Hause? Verfügen Sie beispielsweise über einen Feuermelder? Seitdem in meiner Heimatstadt kurz hintereinander mehrere Wohnungen ausbrannten und Menschen darin starben, besitze ich ein derartiges Gerät. Es ist übrigens sehr einfach anzubringen. Und Hand aufs Herz: Wer hat sich jemals beim Beziehen eines Hotelzimmers mit den Fluchtwegen vertraut gemacht und damit präventives Krisenmanagement betrieben?

Krisensituationen sind Stresssituationen, in denen das normale Denken nicht mehr funktioniert. Es muss also bereits einmal vorgedacht sein. Dies nennt man Szenariodenken. Ist Ihnen das zu lästig? Oder gar zu zeitintensiv? Kostet es Ihren Arbeitgeber zu viel Geld? Mag sein. Aber eine gute Vorbereitung ist oftmals schon die halbe Miete und weil man in Krisensituationen dazu neigt, sich an der Oberfläche eines Problems zu bewegen, tut gute Vorbereitung Not. Im eigenen Interesse sollten Sie deshalb für die verschiedensten möglichen Krisen ein Szenario skizziert und dies auch schriftlich festgehalten haben. Am besten eine deutlich sichtbar aufgehängte Checkliste, die gleich mit Verantwortlichkeiten versehen ist.

Wie verhalte ich mich im Krisenfall?

Im eigenen Interessen sollten Sie (Ihre Abteilung, Ihre Kollegen und Mitarbeiter) für die verschiedensten potenziellen Krisen ein Szenario entwerfen. Wichtig ist, dass Sie schriftlich festhalten, was im Fall des Falles zu tun ist. Nicht allein der Ablauf der Lösungsschritte sollte hier verzeichnet sein, sondern auch Namen und Telefonnummern von Ansprechpersonen und natürlich von Polizei, Feuerwehr, Arzt, und Apotheke. Vermerken Sie hier auch die Privatnummern wichtiger Mitarbeiter. Informieren Sie Ihre Kollegen über die Existenz der Was-mache-ich-wenn-Liste und bringen Sie diese deutlich sichtbar an einem allgemein zugänglichen Ort an.

Wenn der Krisenfall eintritt, verhalten Sie sich wie folgt:

- Atmen Sie mehrmals tief ein und aus. Sie werden allein davon spürbar gelassener. Dies wirkt sich auch beruhigend auf Ihre Umgebung aus. Lassen Sie sich keinesfalls von nervösen Kollegen infizieren.

- Nun denken Sie darüber nach, was das eigentliche Problem ist und wie Sie es beseitigen können. Wenn Sie das

Hauptproblem erkannt haben, sind die Prioritäten klar, denn diese entnehmen Sie ja Ihrer Checkliste „Was mache ich, wenn?“.

Hier ein Beispiel: Eine Wasserleitung ist geplatzt. Sie können nun stundenlang versuchen, das Loch abzudichten. Sie können aber auch den Haupthahn abdrehen und den Hausmeister oder den Klempner rufen. Wo Sie den Haupthahn finden und wie Sie die Spezialisten erreichen, das sagt Ihnen ihre Krisen-Checkliste, die Sie für diesen Spezialfall erstellt haben könnten. Sicher verstehen Sie jetzt, weshalb es gut ist, Szenariodenken zu betreiben, bevor das Kind in den Brunnen gefallen ist. Fragen Sie sich bei einer Krise jeweils, worin das eigentliche Problem besteht. Meist gibt es nämlich mehrere. Welches Problem ist das Wichtigste und gleichzeitig das Dringlichste? Wenn Sie das Hauptproblem erkannt haben, sind die Prioritäten klar. Nun geht's weiter mit der Suche nach Lösungen. An dieser Stelle bewährt sich Ihre To-do-Liste, die neben den Lösungsschritten auch Namen und Telefonnummern enthält. Leider sind nicht alle Probleme vorherseh- und berechenbar. Dennoch lassen sich auch unerwartete Krisen besser bewältigen, wenn man andere Problemszenarien bereits einmal durchgespielt hat.

Wie kommuniziert man in Krisensituationen?

Souveränität in Krisen festigt Ihre Position im Unternehmen. Wenn Sie sich mit Krisenszenarien vertraut machen, sind Sie im Krisenfall nicht nur in der Lage, schneller zu denken als andere, sondern können Ihr Denken auch in Handeln übersetzen. Deshalb sollten Sie sich mit potenziellen Störherden an Ihrem Arbeitsplatz – am besten gemeinsam mit anderen – vertraut machen und bereits vorab Lösungsmöglichkeiten diskutieren. Krisenmanager sind natürlich in der Lage, ihr Anliegen ruhig zu äußern und gegebenenfalls auch dominant und autoritär durchzusetzen. Nicht umsonst sind die Berufsfelder äußerst autoritär strukturiert, in denen es um Schnelligkeit und Durchblick geht: Polizei, Feuerwehr und auch das Militär. Wenn im Ernstfall erst einmal demokratisch über die Sinnhaftigkeit eines Einsatzbefehls diskutiert werden müsste, wären Verletzte längst tot und Brände nicht mehr zu löschen.

Wie kommuniziert man im Krisenfall mit den Medien?

Wer häufig fernsieht, wird sicher schon einmal festgestellt haben, dass unmittelbar nach Katastrophen Interviews gegeben werden, die den wahren Sachverhalt nicht abbilden. Medienunerfahrene Mitarbeiter sind in der Krisensituation nicht fähig, die Lage vernünftig zu schildern. Dies liegt zum Teil an mangelnden Fähigkeiten, manchmal ist es jedoch auch politisch so gewollt. Oder sie versteigen sich in finanziellen Spekulationen darüber, wie hoch der Sachschaden sein könnte, während von den Verletzten kaum die Rede ist.

Sollten Sie sich in einer beruflichen Position befinden, die den Umgang mit Presse, TV und Rundfunk erfordert, so tun Sie gut daran, für Ihre Auftritte verbindliche Standards und insbesondere bei Krisen verbindliche Vorgehensweisen für Ihren Außenauftritt zu etablieren. Vor allem sollten Sie Ihre kostbare Zeit nicht mit Verschleierungstaktiken vertun und dazu stehen, wenn auf Seiten des Unternehmens oder der Verwaltung ein Fehler gemacht wurde. Insbesondere für derartige Fälle gilt: Sie müssen sicher vor dem Mikrophon sein und Ihre Argumentation muss so einleuchtend sein, dass sie Journalistenfallen wahrnehmen und umgehen, dabei aber dennoch genügend Mitgefühl für betroffene Personen empfinden und dies auch zeigen. Den Umgang mit Medien können Sie übrigens in Seminaren lernen.

Schlagen Sie auch nach bei

→ Belastbarkeit und Stresskompetenz
→ Fehlerkompetenz
→ Kundenorientierung
→ Medienkompetenz

Literaturhinweis

Jay, Ros. *Krisen managen: Top-Tools für den Notfall.* Financial Times Prentice Hall 2001

Kritikfähigkeit

Woran denken Sie spontan wenn Sie sich eine x-beliebige Situation vorstellen, in der Sie kritisiert wurden? An einen Vorfall aus der Schulzeit? An Kritik Ihrer Eltern? Oder an eine Situation als Auszubildender oder Berufseinsteiger, in der Ihnen Ihr Chef mal so richtig gezeigt hat, dass Sie zu nichts zu gebrauchen sind. Zu gar nichts, damit wir uns richtig verstehen! Wie fühlten Sie sich danach? Völlig fix und fertig, am Boden zerstört? Vermutlich. Oder fallen Ihnen beim Stichwort „Kritik“ ganz andere Dinge ein? Vielleicht denken Sie an eine einfühlsame Ansprache Ihrer Lehrerin, die Ihnen sagte, dass Sie die neuen Rechtschreibregeln zwar perfekt beherrschen und auch Ihre Schrift wunderschön ist, Sie Ihnen leider dennoch eine Fünf im Aufsatz geben musste: Thema verfehlt. Aber wie sie das sagte: Es klang so, als wären Sie der netteste Schüler im ganzen Kurs.

Das ist die eine Seite der Medaille Kritik. Die andere zeigt, wie Sie aktiv andere kritisieren. Wie sieht da Ihre spontane Assoziation aus? Fällt Ihnen dazu überhaupt etwas ein oder gehören sie auch zu denjenigen, die lieber kritisiert werden, als dass sie selbst der Akteur sind. Weshalb sollten Sie jemanden kritisieren? In Ihrer Umgebung läuft alles wunderbar, meinen Sie? Wer´s glaubt wird selig. Geben Sie doch zu, dass Sie zu feige sind, Ihrer Freundin zu sagen, dass ihre Unpünktlichkeit Ihnen schrecklich auf die Nerven geht. Stattdessen warten Sie lieber in der Kälte und schlucken Ihren Ärger herunter. Magenschmerzen sind Ihnen nicht unbekannt. Irgendwo muss der gestaute Ärger ja hin. Gibt es denn keine Alternativen zu fertig gemacht- und runtergeputzt werden auf der einen und Magenschmerzen auf der anderen Seite? Muss das Annehmen von Kritik und das Austeilen von Kritik so funktionieren, dass einen nur die innere Emigration vor der Depression bewahrt, oder geht es auch anders?

Was versteht man unter Kritikfähigkeit?

Wer andere Menschen kritisiert, gibt ihnen Rückmeldung darüber, wie sie mit ihrem Verhalten wirken. Dadurch bietet diese Kritik die Chance zur Veränderung. Und ist im Grunde etwas Positives. Dennoch ist Kritik für die meisten Menschen Stress. Sie fühlen sich häufig vernichtet. Beobachten Sie einmal, wie Menschen normalerweise darauf reagieren, wenn man sie kritisiert. Sie benehmen sich so, als wehrten sie einen feindlichen Angriff ab. Kritik bedeutet bei uns meist destruktive und nicht konstruktive Kritik, auf der man also aufbauen kann. Und die Art und Weise wie kritisiert wird, ist selten so, dass sie ihr Ziel erreicht: eine Verhaltensänderung.

„Nie was zugeben", war das Motto, das der Lehrherr einem Bekannten vor vielen Jahrzehnten beim Berufseinstieg eingetrichtert hatte. Dieser Satz bezog sich auf Kundenkontakte und auf den Fall, dass etwas falsch gelaufen war. Es funktionierte im Beruf: Das Selbstbewusstsein meines Bekannten war unerschütterlich. Nicht so jedoch im Privatleben. Da war er nämlich unbelehrbar. Er war unfähig damit umzugehen, dass man auch ihn kritisierte, wohingegen er wunderbar „austeilen" konnte. Loben konnte er natürlich auch nicht. Da hielt er sich an eine alte Managerregel aus grauer Vorzeit: „Wenn ich nicht meckere, ist das Lob genug."

Auch wenn man Frauen nachsagt, dass sie Kommunikationsgenies seien, so heißt das nicht unbedingt, dass Sie Ihre wahren Empfindungen in Punkto Kritik mundgerecht und stilgerecht an den Empfänger bringen. Ein Beispiel: Ich war eingeladen, zum Thema „Netzwerke für Frauen" einen Vortrag zu halten. Mein Auftraggeber war ein Frauenministerium. Zu dieser Veranstaltung kamen Frauen aus den verschiedensten Organisationen, die einander kennen lernen und sich untereinander vernetzen sollten. Mein Auftritt fand statt, nachdem die Begrüßung durch die Frauenministerin erfolgt war und der Ministerpräsident dieses Landes gesprochen hatte. Ich war so aufgeregt, dass ich am Stehpult für Sekunden glaubte, ohnmächtig zu werden. Nach meinem Vortrag, der übrigens gut aufgenommen wurde, hatte ich mich gerade gesetzt, als die Ministerin sich mir näherte. Um sich bei mir zu bedanken, war meine Vermutung und lächelte ihr entgegen. Das genaue Gegenteil war der Fall: Ich erhielt einen mordsmäßigen Rüffel. Sie zischte mir – deutlich hörbar für meine Umgebung – zu, das, was ich da von mir gegeben hätte, wäre ja wohl das Letzte gewesen. Danach verließ sie die Veranstaltung und ließ eine völlig verstörte junge Frau zurück. Ich hatte das Thema absprachegemäß angepackt und konnte ihre Reaktion nicht einordnen, zumal sie auch nicht konkreter geworden war (vor lauter Schreck hatte ich allerdings auch nicht nachgefragt, ich war wie gelähmt gewesen). Ich nahm mir den Rüffel so zu Herzen, dass ich jahrelang keinem davon erzählt habe, so sehr schämte ich mich. Jahre später kam ich mit mehreren Frauen zusammen, die bei der Dame X (die wieder in ihrem Beruf als Professorin arbeitete, übrigens nach einem unrühmlichen Abgang aus ihrem Politikjob) studierten beziehungsweise promovierten. Ich erfuhr, sehr zu meiner Freude, dass ich nicht die Einzige war, die sie so unsolidarisch behandelt und unsachgemäß kritisiert hatte. Heute würde ich nicht mehr stundenlang über meine Fehler nachgrübeln, sondern um eine konkrete Rückmeldung bitten.

Wie kritisiert man richtig und wie geht sinnvoll man mit Kritik um?

Wenn Sie wollen, dass Ihr Gesprächspartner Kritik so aufnimmt, dass sich an seinem Verhalten etwas ändert und wenn Sie selbst auch sinnvoll mit Kritik umgehen möchten, hier einige Regeln.

- Sorgen Sie für eine angenehme Gesprächsatmosphäre, bei der Sie zu zweit und ungestört sind.

- Planen Sie für das Gespräch ausreichend Zeit ein. Ihr Gesprächspartner sollte ebenso viel Zeit mitbringen und vorab über den Gesprächinhalt informiert sein.

- Verschaffen Sie sich vor dem Gespräch Klarheit darüber, welches Ziel Sie anstreben.

- Überprüfen Sie die Beziehung zu Ihrem Gesprächspartner. Fragen Sie sich, ob Ihnen noch etwas an dem Kontakt liegt, oder ob Sie nur Ihre Zeit vergeuden.

- Vor Gesprächsbeginn fragen Sie Ihren Gesprächspartner, ob er an einem Feedback von Ihnen interessiert ist. Wenn nein, sollten Sie das Gespräch abbrechen (falls es sich nicht um ein Mitarbeiter-Vorgesetzten-Gespräch handelt) und Ihre Konsequenzen daraus ziehen.

- Üben Sie Kritik am konkreten Beispiel. Führen Sie das Gespräch möglichst zeitnah zum jeweiligen Ereignis durch. Sprechen Sie in der Ich-Form. Statt: „Sie sind immer so dominant!“, sagen Sie: „Es ärgert mich, wie Sie sich mir gegenüber verhalten. In der Besprechung von gestern sind Sie mir mindestens dreimal ins Wort gefallen.“

- Versehen Sie Ihre Kritik mit einem konkreten Wunsch für die Zukunft: „...und ich möchte, dass Sie mich zukünftig aussprechen lassen.“

- Trennen Sie Person und Inhalt. Machen Sie klar, dass Ihnen das Verhalten des anderen nicht gefällt, Ihre Kritik aber nicht als Ablehnung seiner Person gemeint ist.

Was Sie tun können, wenn Sie kritisiert werden:

- Versuchen Sie, Kritik als etwas anzunehmen, das Ihnen für Ihre persönliche Entwicklung nützlich sein kann (aber nicht muss).

- Bedenken Sie, dass nicht jede Kritik berechtigt ist. Kritik ist stets auch subjektiv und ein Abbild davon, wie Sie gesehen werden. Sie muss nicht „wahr“ sein.

- Hören Sie sich die Kritik stets an und fallen Sie dem anderen nicht gleich ins Wort. Vor allem: Schlagen Sie nicht mit gleicher Waffe zurück, auch wenn die Kritik unsachlich geäußert wurde.

- Üben Sie gerade bei Kritik das aktive Zuhören. Stellen Sie Rückfragen, ob Sie richtig verstanden haben: „Wie meinen Sie das? Was sollte ich Ihrer Meinung nach tun, um...? Warum sehen Sie das so?“ Warten Sie ruhig und gelassen auf eine Antwort.

- Rechtfertigen und verteidigen Sie sich nicht. Entscheiden Sie abwägend, was Sie von der Kritik annehmen möchten und was nicht.

- Bedenken Sie, dass die Situation für Ihren Kritiker (privat, beruflich) womöglich mindestens genauso unangenehm ist wie für Sie. Die meisten Menschen sind nun mal konfliktscheu, denn kritisieren bedeutet häufig, einen Konflikt hervorzurufen. Auch Sie werden am liebsten von den anderen gemocht. Wer Kritik hingegen ausspricht, muss mit Feindseligkeiten rechnen.

- Bedanken Sie sich für eine kritische, ehrliche und offene Rückmeldung.

Schlagen Sie auch nach bei

→ Aktives Zuhören
→ Konfliktfähigkeit

Kundenorientierung

Wer ist Ihr Arbeitgeber? Sie finden, das geht mich nichts an? OK; also lassen wir das und Sie träumen weiter davon, dass die XY-GmbH AG, Dr. med. Meyer oder die Firma Mustermann Ihr Arbeitgeber ist. Leider täuschen Sie sich da. Sie meinen ich spinne? Zugegeben, das passiert ab und zu, aber hier habe ich ausnahmsweise Recht. Die Frage nach dem Arbeitgeber stelle ich meinen Seminarteilnehmern regelmäßig und selten wird sie auf Anhieb korrekt beantwortet. Der Mensch, dem Sie Ihren Arbeitsplatz zu verdanken haben, ist nämlich „der Kunde" Ihres Unternehmens. Das kann also ein Kunde sein, ein Patient, ein Bürger, eine Klientin, ein Mandant oder eine Besucherin im Fitness-Studio. Ohne diese Menschen, die mit einem konkreten Bedürfnis oder Problem zu Ihnen kommen, gäbe es Ihren Arbeitsplatz nicht. Und um den Kunden und seine Bedürfnisse geht es auch beim Thema Kundenorientierung.

Spätestens seit der japanische Unternehmensberater Minoru Tominaga Mitte der neunziger Jahre erschüttert von der „Servicewüste Deutschland" sprach, hat das Thema Kundenorientierung Verantwortliche in Unternehmen und Behörden aufgeweckt. Tominaga beschrieb seine Beobachtungen in deutschen Geschäften mit „Deutschland ist faul und fett geworden" (*Spiegel* 51/1995) und krönte seine Darstellung mit seiner Interpretation der deutschen Verkäuferin: „In Deutschland sind die Verkäuferinnen nicht dazu da, die Kunden zu beraten. Nein sie sind dazu eingestellt, auf ihre Waren aufzupassen." Welche Leserin erinnert sich dabei nicht an eigene Erlebnisse in deutschen Parfümerien, deren Beschreibung Tominagas Beobachtungen noch übertreffen würden? Die Verkäuferinnen, manchmal auch irrtümlich Beraterinnen genannt und meist recht nett zurecht gemacht, stehen als wahre Ausstellungsstücke vor den Vitrinen und lassen ihre Kundinnen durchaus spüren, was sie von ihnen halten. Nämlich nichts. Diese stören nämlich vorwiegend beim kollegialen Klatsch oder beim Ein- und Aufräumen. Kundenorientierung?

Davon kann häufig keine Rede sein. Oder kennen Sie das noch aus der Zeit vor der Änderung des Ladenschlussgesetzes (übrigens auch das ein Beispiel für fehlende Kundenorientierung!): Sie betraten um fünf vor sechs abgehetzt von der Arbeit das Geschäft, um für das Abendessen noch Aufschnitt und Fleischsalat zu holen. Erinnern Sie sich an den bösen Blick der Verkäuferin, als Sie Ihr Anliegen vorbrachten? Oder antwortete man Ihnen vielleicht: „Tut uns leid, wir machen schon sauber."

Was versteht man unter Kundenorientierung?

Kundenorientierung ist die prinzipielle Ausrichtung des Unternehmens und der Unternehmensziele auf die Wünsche des Kunden. Das Ziel von Kundenorientierung ist die Kundenzufriedenheit, die schließlich dazu führt, den Kunden an Ihr Unternehmen zu binden (übrigens um Ihren Arbeitsplatz zu sichern). Wir leben im Überfluss und können zwischen vielen Produkten wählen. Da wir längst an der Schnittstelle zwischen der Industriegesellschaft und der Dienstleistungsgesellschaft angelangt sind, muss Kundenorientierung das Ziel jedes zukunftsorientierten Unternehmens sein. „Illoyale", das heißt abwandernde Kunden senken Ihre Umsätze. Kunden wandern dann ab, wenn sie unzufrieden mit den Produkten und dem Service sind.

Was Sie im Kontakt mit Ihren Kundinnen und Kunden beachten sollten:

- Der erste Eindruck ist Spiel entscheidend. Achten Sie deshalb auf ein ansprechendes Äußeres und orientieren Sie sich dabei an den Gepflogenheiten Ihrer Branche. Lesen Sie mehr darüber im Kapitel → Benehmen und Outfit.
- Für das Kundengespräch sollten Sie ein angenehmes Ambiente schaffen, bei dem Sie sich Ihren Kunden ungestört zuwenden können.

- Lassen Sie sich auf Ihre Kunden ein; geben Sie sich aufmerksam und zugewandt.

- Setzen Sie positive kommunikative Signale, aus denen hervorgeht, wie sehr Sie sich freuen, dass der Kunde zu Ihnen kommt!

- Machen Sie sich stets klar, dass die Wünsche des Kunden im Mittelpunkt stehen.

- Bereiten Sie Gespräche mit den Kunden nicht nur vor, sondern auch gründlich nach. Ist es Ihnen gelungen, den Kunden von Ihren Produkten zu überzeugen? Wenn nein, woran lag es?

Weshalb der Kunde für Sie so wichtig ist:

- Der Kunde ist die wichtigste Person im Unternehmen – egal ob er persönlich anwesend ist, ob er anruft, ob er einen Brief oder eine E-Mail schickt.

- Sie sind von ihm abhängig (nicht umgekehrt).

- Er ist somit Sinn und Zweck Ihrer Arbeit. Er stört nie.

- Der Kunde sagt Ihnen seine Wünsche und Anliegen, die Sie erfüllen müssen.

- Und er tut Ihnen einen Gefallen, wenn er Ihre Dienste in Anspruch nehmen möchte.

Das krasse Gegenteil praktizierter Kundenorientierung waren übrigens die Zustände in DDR-Gaststätten. Hier waren Ober und Kellnerinnen die wahren Könige. Auf ihr Kommando musste man hören, wollte man in den nächsten Stunden bedient werden. Und man blieb. Trotz der mageren Speisekarten (von 20 angebotenen

Gerichten waren, wenn es hoch kam, tatsächlich nur fünf Gerichte im Angebot und auch die lediglich bis 13.15 Uhr). Schließlich gab es kaum Alternativen. Und so konnte das Bedienungspersonal schalten und walten wie es wollte. Von Freundlichkeit und Zugewandtheit keine Spur. Auch hier störte man als Kunde beträchtlich den Ablauf. Man war geradezu glücklich, wenn man nach langer Wartezeit überhaupt bedient wurde. Mancherorts hat sich diese Mentalität noch erhalten, und es gibt ebenso genügend Beispiele in den Altbundesländern, die Herrn Tominaga das Gruseln lehrten. Denken Sie nur an die deutsche Unsitte, auf Café-Terrassen den Kaffee nur im Kännchen zu servieren.

Kundenorientierung ist nicht nur wichtig, weil man damit anderen Menschen seine Wertschätzung übermittelt. Sie ist, wie bereits angedeutet, für Unternehmen überlebenswichtig. Produkte werden schließlich immer ähnlicher und damit vergleichbarer. Mit einem Superservice kann man beim Kunden die Kaufentscheidung für sich entscheiden. Dazu braucht man jedoch Mitarbeiter, die sich nicht an den Arbeitsplatz quälen, weil sie dafür bezahlt werden, sondern die mit Feuer und Flamme engagiert und beseelt davon sind, ihren Job zum Nutzen des Kunden bestens zu machen.

Kundenorientierung beginnt jedoch nicht erst dann, wenn ein Kunde Ihren Geschäftsraum betritt und Ihre Dienstleistung, Ihr Produkt kaufen möchte. Sie findet permanent statt, denn Sie haben auch noch einen „internen" Kunden. Das ist Ihr Kollege, Ihre Kollegin, der von Ihnen eine auf seine Bedürfnisse zugeschnittene Leistung erfragt. Als Abteilungssekretärin ist Ihre Leistung das Buchen eines Tickets, das Schreiben eines Berichtes, die Erstellung der Abrechnung. Die Sekretärin selbst ist wiederum Kundin des Personalbüros. Dies kann man endlos fortsetzen. Letztendlich ist die Rollenverteilung im Unternehmen in Bezug auf interne Kundenorientierung dynamisch. Jeder ist interner Kunde und Lieferant seiner Leistungen zugleich. Als Anbieter für interne Leistungen sollten Sie sich also stets fragen:

Wäre ich als Kunde mit meinem Produkt zufrieden?

Im Sinne einer erfolgreichen Kundenorientierung sollten Sie ab sofort folgende „Killerphrasen“ aus Ihrem Sprachschatz entfernen: Dafür bin ich nicht zuständig · Das geht nicht · Das haben wir schon immer so gemacht · Der Kollege kommt gleich · Das haben wir nicht · Das machen wir nicht · Das weiß ich auch nicht · Da müssen Sie schon selbst schauen.

Sind Beschwerden und Reklamationen eine Chance oder eine Katastrophe?

Als Verkäufer würde man am liebsten in ein Mauseloch kriechen, wenn ein Kunde völlig verärgert in den Laden kommt und die jüngst erworbene Digitalkamera auf den Tresen knallt: „Das Ding ist kaputt!“ Nicht selten hörte man früher in dieser Situation die Killerphrase: „Wir verkaufen keine defekten Kameras. Das muss Ihnen zu Hause passiert sein.“ Dann folgte ein Schlagabtausch darüber, wer denn nun Recht hatte. So mancher Verkäufer gewann diesen Machtkampf. Letztendlich verlor er jedoch einen Kunden, der von nun an zum Mitbewerber ging. Schlimmer noch: Im Kollegen- und Bekanntenkreis würde er mindestens 15 Leuten (so die Statistik) von dem Zwischenfall und der schlechten Bedienung erzählen. Die Wahrscheinlichkeit ist groß, dass sich nun auch diese 15 potenziellen Kunden einen anderen Lieferanten suchen. Ein spürbarer Verlust! Dabei kann es so einfach sein, eine Reklamation zu einem positiven Ereignis zu machen. Mit Beschwerdemanagement kann es nämlich gelingen, aus einem verärgerten Kunden einen Stammkunden zu machen und das ist wesentlich billiger als die Akquisition von Neukunden. Und so funktioniert professionelles Beschwerdemanagement:

- Bedanken Sie sich ausdrücklich für die Beschwerde. Schließlich führt diese dazu, dass Sie Ihr Produkt und Ihren Service verbessern können.
- Drücken Sie Ihr Bedauern aus.
- Hören Sie vor allem zu, statt an einer Erwiderung oder gar einer Rechtfertigung zu arbeiten. Lassen Sie den Kunden in Ruhe seine Beschwerde erläutern. Fragen Sie nach, machen Sie sich Notizen.
- Wiederholen sie das Gesagte: „Wenn ich Sie recht verstanden habe, dann...“ (→ Aktives Zuhören).
- Beschönigen Sie nichts und wälzen Sie die Verantwortung nicht an den Kunden, Ihre Kollegen oder den Lieferanten ab. Der Kunde will nicht wissen, wer den Fehler verursacht hat. Er will eine Lösung für sein Problem.
- Bearbeiten Sie die Beschwerde umgehend und sorgen Sie für schnellstmöglichen Ersatz.
- Vergewissern Sie sich, dass der Kunde mit der Abwicklung der Beschwerde zufrieden ist.
- Suchen und analysieren Sie die Fehlerquelle mit Ihren Kollegen. Die Frage nach der Schuld ist von geringer Bedeutung; vielmehr ist es interessant, wie dieser Fehler zukünftig zu vermeiden ist.
- Denken Sie stets daran, dass auch Ihr Kunde ein Mensch ist und sich irren kann. Es ist also nicht zielführend, mit ihm zu streiten oder mit ihm ein verbales Kräftemessen zu betreiben.

Schlagen Sie auch nach bei

→ Aktives Zuhören
→ Benehmen und Outfit
→ Beziehungsintelligenz
→ Emotionale Intelligenz
→ Fehlerkompetenz
→ Humorpotenzial
→ Kritikfähigkeit
→ Soziale Kompetenz

Literaturhinweise

Homburg, Christian / Stock, Ruth. *Der kundenorientierte Mitarbeiter: Bewerten, begeistern, bewegen.* Betriebswirtschaftlicher Verlag Gabler 2000

Seiwert, Lothar J. *30 Minuten für optimale Kundenorientierung.* GABAL 1999

Medienkompetenz

Erinnern Sie sich an die berühmtesten Erdnüsse, die es in Deutschland je gab und die 1994 sogar Unwort des Jahres wurden? Hilmar Kopper, der ehemalige Vorstandsprecher der Deutschen Bank hatte ihnen zu ungewollter Popularität verholfen. In einem Interview im Zusammenhang mit den Milliardenschulden des Baulöwen Schneider sprach er davon, dass die Deutsche Bank lächerliche 50 Millionen Mark verloren hätte – das seien doch nur „Peanuts". Empörung ging durchs Land, verständlicherweise geschürt von den deutschen Durchschnittsverdienern und Kleinaktionären, die Konten bei diesem Geldinstitut haben und für einen Kleinkredit eine Vielzahl von Sicherheiten vorweisen müssen. Herr Kopper, der übrigens im Prozess gegen Herrn Schneider noch eins draufsetzte, indem er den finanziellen Verlust als „Chicken-Feed" bezeichnete, saß damals so fest im Sattel, dass sein verbaler Ausrutscher nicht das Ende seiner Karriere einläutete. Er ist jedenfalls ein beredtes Beispiel für die Aussage des Medienberaters Fischer-Appelt aus Hamburg, der sagte: „Nur wenige deutsche Vorstandsvorsitzenden sind medienfähig." Sie dürften sich einen solchen Ausrutscher gewiss nicht erlauben, denn so ein Verhalten wirkt sich bei angehenden Führungskräften nachträglich auf die Karriere aus und kann sogar den Job kosten

Was versteht man unter Medienkompetenz?

Der Begriff Medienkompetenz beschreibt die Fähigkeit, mit Journalisten (mit und ohne Kamera und Mikrofon) oder ganz allgemein mit der Öffentlichkeit zielgerichtet, selbstbewusst und geschickt umzugehen. Kompetenter Umgang mit den Presse-, Rundfunk- und TV-Medien ist mittlerweile sogar ein Erfolgsfaktor für die berufliche Laufbahn und zumindest (angehende) Führungskräfte sollten gegenüber diesen professionell auftreten können. Die Anzahl der privaten Hörfunk- und TV-Sender, die bundesweit ihre Niederlassungen haben, und der lokalen und überregionalen Zeitungen wächst stetig. Tag für Tag müssen sie unzählige Magazinbeiträge senden und ihre Seiten füllen. Für berufstätige Menschen in mittelständischen Unternehmen und Verwaltungen hat die Wahrscheinlichkeit, zu einem Interview gebeten zu werden, deutlich zugenommen. Was für die einen ein wahrer Horror ist, dem sie gern aus dem Weg gehen und lieber die Kollegen vorschicken, wird von anderen geradezu herbeigesehnt als Möglichkeit der Selbstdarstellung. Nicht immer sind es die öffentlichkeitsverrückten Kollegen, die auch über öffentlichkeitswirksame Darstellungsformen verfügen. In die Kameralinse stierende, sich verhaspelnde Behörden- oder Unternehmensvertreter tragen nicht zum Image ihres Arbeitgebers bei, können diesem unter Umständen sogar sehr schaden.

Einige Beispiele: Als ich im Zusammenhang mit dem Erscheinen meines ersten Buches für eine Sendung im Hörfunkstudio des NDR interviewt wurde, befürchtete ich, dass mein Herzklopfen über den Sender transportiert werden würde, so aufgeregt war ich. Meine Vitalgeräusche hörte ich jedoch glücklicherweise nur selbst. Was ich nicht ahnte war, dass der Zuhörer sehr wohl das Rascheln meines Spickzettels mitbekam, den ich vor mir liegen hatte. Jahre später bereitete ich einen Klienten für einen TV-Auftritt bei einem Privatsender vor. Inhaltlich stand alles. Mein Klient wusste, worauf es ankam: Diesmal wollte er mehr auf sein Mienenspiel achten, da ihm dies bei seinem letzten Auftritt nicht gefallen hatte. Dies gelang auch. Was allerdings daneben ging, war etwas völlig anderes. Der junge Mann hatte sein erstes Interview im Stehen geführt. In dieser Position fühlte er sich sicher. Diesmal hatte man das Studio jedoch umgebaut und das Interview fand im Sitzen statt. Mal davon abgesehen, dass sein grünes Jackett zum orangeroten Sofa unmöglich aussah, war es darüber hinaus zu eng an den Armen und schob sich faltig nach oben. Er fühlte sich äußerst unwohl. Dennoch gelang es ihm profihaft, einer Frage aus dem Weg zu gehen, indem er ohne mit der Wimper zu zucken eine Antwort auf eine nicht gestellte

Frage parat hatte. Dabei verhielt er sich so geschickt, dass nicht einmal die Interviewerin diesen „Schwindel“ bemerkte. Auch das kann also eine Kunst sein, die man zwar beherrschen, aber von der man nicht allzu häufig Gebrauch machen sollte.

Tipps für Ihren Auftritt im Rundfunk oder Fernsehen:

- Klären Sie vor einer öffentlichen Stellungnahme unbedingt, ob Sie überhaupt für diese Aufgabe zuständig sind. Vorgesetzte reagieren gerade hier äußerst ungnädig, wenn sie übergangen werden.
- Meister fallen nicht vom Himmel. Warum sollten also gerade Sie keinen Spickzettel in der Tasche haben?
- Erzeugen Sie Sympathie bei Ihrem Publikum. Halten Sie mit dem Interviewer Blickkontakt (nicht mit der Kamera) und lächeln Sie (wenn es zum Thema passt).
- Machen Sie sich vorab mit dem technischen Equipment vertraut. Wichtig ist der richtige Abstand und die Höhe des Mikrofons. Am besten vorher eine Mikrofonprobe machen, die auch eine Rückmeldung über die richtige Lautstärke gibt.
- Wählen Sie eine empfängerorientierte Sprache. Verzichten Sie auf Fachchinesisch, wenn Sie wollen, dass Ihr Publikum Sie versteht.
- Sendezeiten sind teuer und die Uhr tickt schneller als sonst. Bringen Sie die Sachverhalte zügig auf den Punkt!
- Und last but not least: Lassen Sie sich weder vom Interviewer noch vom Publikum provozieren. Sie entscheiden, wann Sie ausrasten und das wird nicht beim Interview sein. Kalt

und emotionslos sollten Sie allerdings auch nicht wirken.

Kann man Medienkompetenz lernen?

Bei öffentlichen Auftritten geht es nicht nur um Inhalte, sondern immer mehr auch darum, wie diese verpackt sind. Um so wichtiger ist es, im kurzen Augenblick eines Auftritts optimal präsent zu sein. Und dies kann man lernen. Clevere Fernseh-Moderatoren und Personaltrainer haben deshalb vor Jahren schon erkannt, dass professionelles TV-Coaching eine lukrative und auch spannende Marktlücke ist. Für ihre Kunden bieten Sie mehrtägige Veranstaltungen an, in denen die individuellen Stärken trainiert werden. Auch die Eigenwahrnehmung bezüglich der Schwächen der Selbstdarstellung wird geschärft. Ziel dieser Coachings ist der erfolgreiche Fernsehauftritt – egal, ob es sich dabei um eine Talkrunde oder ein Interview handelt. Die Körpersprache, das Outfit, Mimik, Gestik und natürlich auch Stimme und Betonung müssen den kritischen Blicken der Profis standhalten. Mit einem Team von Regie-, Ton- und Kameraleuten probt man den Ernstfall. Unter Studio- und Live-Bedingungen wird das Gelernte angewendet. Ich selbst erinnere mich an eine Interviewsituation in meiner ehemaligen psychologischen Praxis: Für ein Jugendmagazin wurde ich zum Thema Bewerbung interviewt und stellte verwundert fest, dass ich von 15 Leuten umringt war, die am Zustandekommen eines fünfminütigen Beitrages beteiligt waren. Billig sind solche Coachings, für die man mehrere Tausend Euro hinblättern muss, gewiss nicht. Wenn man sich jedoch überlegt, wie viel entspannter man dank sicherer Selbstdarstellung und souveränerer Wortwahl wird, lohnt sich der finanzielle Einsatz.

Literaturhinweis

Wachtel, Stefan. *Sprechen und moderieren in Hörfunk und Fernsehen.* UVK 2000

Seminarangebote

MM Image Consulting
Alte Rabenstr. 6
20148 Hamburg
Tel. 040/44 53 97
Fax 040/44 62 49
www.mm-imageconsulting.de
Moevius@mm-consulting.de

CL-Seminare
Claudia Ludwig
Parkallee 80
20144 Hamburg
Tel. 040/41 72 79
Fax 040/44 61 27
claudia.ludwig@cl-seminare.de

Mobilität

Die Verweildauer an einem Ort wird für viele Menschen immer kürzer. Kennen Sie alte Menschen, die ihr ganzes Leben – von der Wiege bis zur Bahre – in einem Haus verbracht haben? Vielleicht. Kennen Sie Menschen im Alter zwischen 30 und 50, auf die dasselbe zutrifft? Vermutlich werden dies nur wenige sein. Angesichts zunehmender Globalisierung verlangen Unternehmen in den letzten Jahren immer mehr nach mobilen Mitarbeitern. Die Bereitschaft, diesem unternehmerischen Wunsch nachzukommen, ist in Deutschland verglichen mit anderen europäischen Ländern relativ gering. Bis auf eine Ausnahme: Zu Beginn der neunziger Jahre begann in Deutschland eine besondere Form der beruflichen Reisetätigkeit: Die Grenzen zur DDR waren gefallen und Sonntagabends und Montagmorgens waren die Autobahnen in Richtung Osten verstopft; am Wochenende war dann die Gegenrichtung betroffen. Der Deutsche war mobil geworden. Nach und nach ebbte dies jedoch wieder ab. Viele der ehemaligen Pendler wurden in den neuen Bundesländern sesshaft. Heute verläuft der Pendelzug in die Gegenrichtung, denn aufgrund der hohen Arbeitslosigkeit in den neuen Bundesländern wird in Richtung Westdeutschland gependelt. Einmal abgesehen von Strukturkrisen auf dem Arbeitsmarkt, die Menschen zum Umzug zwingen (die Werftenkrise in Norddeutschland oder die Stahlkrise im Saarland und im Ruhrgebiet), ist der Deutsche also eher sesshaft.

Was versteht man unter Mobilität?

Wenn von Ihnen Mobilität gefordert wird, sollten Sie sich entweder auf häufige Reisen einstellen oder aber auf einen baldigen Umzug. Angehende Führungskräfte, die in internationalen Konzernen arbeiten, müssen die Bereitschaft, einen Job in Singapur, in New York oder auf Hawai anzunehmen, ohnehin mitbringen, wollen sie ihre Karriere nicht gefährden. Beruflich bedingte

Mobilität ist ein Umstand, der nicht nur häufig mit einem Umzug in eine andere Stadt oder gar auf einen anderen Kontinent verknüpft ist, sondern zwangsläufig auch mit gravierenden Veränderungen für alle Beteiligten (Familienmitglieder) verbunden ist. Nicht selten sind die „Expatriates" deshalb neidisch auf alle, die im Lande bleiben können.

Mobil sind vor allem karrierebereite junge Männer und Frauen, die ohne feste Beziehung sind. Es gilt dabei die Faustregel: je jünger, je besser gebildet, je männlicher, desto mobiler. Laut einer Umfrage würde mehr als die Hälfte der Männer für einen besser bezahlten Job den Ort wechseln. Dies trifft nur auf ein Drittel der Frauen zu (was gewiss auch damit zusammenhängt, dass die Partner nicht mitziehen würden, während es für Frauen selbstverständlicher ist). Je weniger Sie sich privat und beruflich etabliert haben und je flexibler Sie sind, um so weniger werden Sie Probleme mit Mobilität haben, insbesondere zu Beginn einer beruflichen Tätigkeit oder dann, wenn Sie keine Rücksicht (mehr) auf Kinder und Familie nehmen müssen.

Ein Beispiel: Die ersten Jahre seines Berufslebens verbrachte der knapp 30-jährige Max in Hamburg. Er startete seine Karriere in einer kleinen Werbeagentur, wechselte dann zur Tochterfirma eines internationalen Süßwarenkonzerns und landete schließlich in München bei einem Hersteller von Softgetränken. Dabei ging es auf der Karriereleiter immer zügig voran. In München beendete er sein privat unstetes Leben durch eine Heirat mit einer Polin, die er – wen wundert's – im Flugzeug kennen gelernt hatte. Die nächste Station war Salzburg, darauf folgte London. Eigentlich war es egal, wo er lebte, denn bei seiner Familie, die stets mit ihm den Wohnort gewechselt hatte, war er aufgrund seiner ständigen Reisen nur am Wochenende. Nachdenklich wurde er, als er feststellte, dass seine Kinder allmählich nicht mehr deutsch sprachen, sondern allenfalls die Muttersprache seiner Frau und eventuell noch englisch. Ein Headhunter brachte die Lösung und bot ihm eine Managementposition an. Er wurde Geschäftsführer eines Konzerns mit Dienst- und

Wohnsitz in Berlin. Wie immer war er von nun an unter der Woche auf Reisen und am Wochenende bei der Familie. Vorteil dieser Lösung: Die Kinder lernen deutsch im Kindergarten und werden sich mit ihm unterhalten können.

Welche Folgen hat Mobilität für die Familie?

Mobilität erfordert insbesondere auch von Frauen eine klare Karriereplanung. Wer als Frau unbedingt Kinder haben möchte und noch keinen festen Partner hat, sollte sich überlegen, wo die Prioritäten liegen und lieber auf eine mobile Karriere verzichten. In viele Ehen kann es zum Bruch kommen, wenn der Mobilitätswunsch des Mannes von der Frau nicht geteilt wird. Sei es, weil sie selbst Karriere machen möchte oder ganz einfach weil sie keine Lust hat, ihren Job aufzugeben. Seit einigen Jahren stehe ich im Kontakt mit einer Bekannten, die mittlerweile seit vier Jahren an der Côte d'Azur lebt. Drei große europaweite Umzüge hat ihre Familie in den letzten zehn Jahren hinter sich bringen müssen. Stets war der Umzug bedingt durch eine Versetzung ihres Mannes, der zu den Topmanagern eines internationalen Konzerns gehört. Seine Versetzung von Brüssel nach Paris hat sie dann nicht mehr mitvollzogen, der Kinder wegen. Sie bezog mit den Kindern den geplanten Alterswohnsitz im Süden Frankreichs und nachdem sie jahrelang eine Wochenendehe Paris – Südfrankreich führte, ist der Gatte nun mittlerweile wieder im deutschen Stammhaus tätig. Die Familie wohnt weiterhin im Süden Frankreichs, der Kinder wegen, die dort die Schule beenden sollen. Familienleben ade – der Preis der Mobilität und des Erfolgs.

Welche Formen von Mobilität gibt es?

Mobilität hat viele Gesichter. Dies belegt die Studie „Berufsmobilität und Lebensform" des Bundesfamilienministeriums aus dem Jahre 2001: Man unterscheidet drei Mobilitätstypen:

- Die Projektpendler (Varimobile). Dazu gehören Piloten, Manager, Vertreter und Monteure, die schon von Berufs wegen für mehrere Tage hintereinander verreisen müssen und häufig in Hotels übernachten. Pendeln gehört zum Berufsbild.

- Die Wochenendheimfahrer (Shuttles). Das Wochenende wird im Haupthaushalt der mobilen Person verbracht; ansonsten lebt diese im Zweithaushalt allein. Pendeln zwischen zwei Wohnungen führt dazu, dass man sich letztendlich nirgendwo mehr heimisch fühlt, während der Familie das vertraute Umfeld bleibt. Der typische Shuttle ist allerdings männlich und hält seine Mobilität für eine Übergangsphase. 50 Prozent der Shuttles pendeln allerdings unfreiwillig aufgrund der Situation auf dem Arbeitsmarkt. Diese Lebensform hat einen hohen Stressfaktor.

- LATs (living apart together – Fernbeziehungen). Die Beziehungspartner leben in zwei Haushalten in verschiedenen Städten. Sie sind meist jung, kinderlos und haben eine hohe Schulbildung.

- Umzugsmobile. Diese modernen Nomaden sind innerhalb der letzten fünf Jahre berufsbedingt umgezogen. Dies betrifft vor allem Mitarbeiter der Bundeswehr (Offiziere). Die Familien ziehen immer mit und müssen mit den Veränderungen zurecht kommen: Neue Schule, neuer Freundeskreis, neue Wohnung.

- Fernpendler. Dieser Personenkreis umfasst vor allem Männer und nicht mehr ganz junge Familienväter, die täglich länger als eine Stunde zur Arbeit fahren – und das zweimal am Tag. Seit der Wende stieg die Zahl enorm an. Sie akzeptieren die strapaziöse Fahrerei, weil sie sich einen Umzug nicht vorstellen können, denn sie sind heimatverbunden und leben häufig in Eigenheim oder Eigentumswohnung.

Während die Betroffenen über die Fahrerei klagen, ist dieser Pendelmodus förderlich für die Karriere und stabilisiert die Familie. Nachteil: Permanenter Zeitmangel und hoher Stressfaktor.

- Sesshafte (Ortsfeste oder Rejectors). Sie machen immerhin 45 Prozent aus. Dieser Personenkreis fühlt sich der Heimat so stark verbunden, dass er lieber arbeitslos in Mecklenburg-Vorpommern ist, als mit Kind und Kegel nach Bayern umzuziehen. Sie haben vielleicht irgendwann einmal das Gefühl, etwas verpasst zu haben, zudem beklagen sie fehlende Aufstiegschancen und dass sie ihren Horizont nicht erweitern. Ihre Kinder wachsen jedoch in stabilen Umgebungen auf.

Für die ersten drei Pendlergruppen gilt, dass die Familien ohne ihre Unterstützung auskommen müssen und die Organisation ohne die Beteiligung des Partners (meist der Ehefrau) nicht funktioniert. Hier gilt: Die Frau hält dem Mann den Rücken frei, sie ist unter der Woche allein erziehend. Die familiäre Rollenaufteilung entspricht dem klassischen Modell: Die Karrierewünsche der Frau bleiben auf der Strecke, wenn Kinder da sind. Die Studie berichtet übrigens, dass mindestens jeder sechste aus beruflichen Gründen permanent mobil ist und dass immerhin 67 Prozent diese Lebensform als belastend empfinden. Grund genug, sich einmal Nachteile und Vorteile der Mobilität anzusehen. Was sind die Vorteile der Mobilität?

- Sie haben die Möglichkeit, andere Städte und sogar Kulturen gut kennen zu lernen und sich auf sie einzulassen.

- Mittel- und langfristig können Sie dabei interessante Freundschaften knüpfen.

- Manche Familie rückt erst in der Fremde richtig zusammen.

Mehr lässt sich allerdings zu den Nachteilen der Mobilität sagen:

- Mobile Menschen fühlen sich wesentlich belasteter als andere Berufstätige.
- Die Organisation des Lebens ist stark von äußeren Bedingungen geprägt, die nicht zu beeinflussen sind (also fehlende Kontrolle über viele Lebensumstände).
- Wenn Kinder vorhanden sind: Der abwesende Elternteil erlebt das Heranwachsen der Kinder nicht.
- Die psychische Befindlichkeit leidet.
- Zeit ist Mangelware.
- Häufig wird der Verlust sozialer Kontakte beklagt.
- Eine Entfremdung vom Partner bleibt dann nicht aus, wenn die Beziehung nicht besonders gepflegt wird.
- Die Karriere der mitreisenden Person bleibt in der Regel auf der Strecke (dies betrifft meist die Frauen).
- Mobile Frauen bleiben in der Regel kinderlos.
- Die doppelte Haushaltsführung bringt hohe Kosten mit sich.

Wer sich also auf das Abenteuer einer mobilen Berufstätigkeit einlässt, sollte sich ganz bewusst mit deren Nachteilen auseinandersetzen, aber auch dagegen aufwiegen, welche persönlichen Erfahrungen vor allem ein Wohnortwechsel ins Ausland mit sich bringen kann.

Schlagen Sie auch nach bei

- → Belastbarkeit und Stresskompetenz
- → Interkulturelle Kompetenz
- → Networking

Literaturhinweis

Englisch, Gundula. *Jobnomaden. Wie wir arbeiten, leben und lieben werden.* Campus 2001

Networking

Schon lange reicht es nicht mehr aus, über fachliches Know-how zu verfügen. Beruflicher Erfolg wird zunehmend von anderen Faktoren bestimmt – unter anderem davon, über welche Kontakte Sie verfügen. Das Zauberwort heißt „Networking" und dabei ist nicht nur wichtig, wen sie kennen, sondern vor allem, wer Sie kennt.

Was versteht man unter Networking?

Networking bedeutet letztendlich soviel wie Informations- und Ideenaustausch, das Vermitteln von Referenzen und Kontakten, Unterstützung anbieten, sich gegenseitig ins Gespräch bringen und weiterempfehlen, voneinander lernen. Kurzum Geben und Nehmen mit der Betonung auf Geben. In der Praxis bedeutet Networking letztendlich, die eigenen mentalen Antennen permanent auf „Empfang" zu stellen und somit die Information aufzunehmen, wie und womit ich anderen am besten nützlich sein kann. Die Frage ist hier: Wer kann von mir profitieren und natürlich auch, wer kann mir nützlich sein?

Netze werden mit allen Menschen geknüpft, die uns begegnen und wichtig erscheinen. Viele Netze werden unbewusst geknüpft. Denken Sie nur daran, wie Mütter sich gegenseitig bei der Beaufsichtigung ihrer Kinder unterstützen. Auch das ist nämlich Networking! Wir knüpfen Netze mit Kollegen, mit Nachbarn, Klassenkameraden, Geschäftsfreunden und allen, die bereits in unserem Adressbuch stehen. Die Basis für Networking ist das Interesse an anderen Menschen, die Hauptaktivität ist das Kommunizieren. Und dazu kommt die Freude, Wissen, Fähigkeiten oder etwas ganz anderes mit Menschen zu teilen.

Worin besteht der individuelle Nutzen von Networking?

Die Vermittlung von Geschäftskontakten gehört zu den Essentials des Netzwerkens und wird vor allem von Männern reichlich und intensiv genutzt, während Frauen erst im letzten Jahrzehnt ihre Bedenken über Bord geworfen haben, dass „Vitamin-Beziehungen" anrüchig seien. Sie haben verstanden, dass Beziehungen lediglich demjenigen schaden, der keine hat. Hier ein Beispiel aus meiner Praxis: Bei einem Lunch mit mehreren Damen aus verschiedenen Bereichen der Hamburger Wirtschaft stellte sich eine Dame als Stil- und Typberaterin vor. Zufälligerweise wurde ich wenige Tage später von einem Kunden nach genau dieser Dienstleistung gefragt. Ich konnte beide miteinander vernetzen.

Für Berufseinsteiger oder Hochschulabsolventen gehört das Sammeln von Informationen über Unternehmen, das Kennenlernen von wichtigen Personen und vor allem auch der Austausch mit Menschen in einer ähnlichen Situationen zu den Dingen, für die sich das Engagement in einem Netzwerk oder einem Berufsverband lohnt. Wichtig ist Netzwerken auch dann, wenn Sie aus beruflichen Gründen in einer unbekannten Stadt landen, wo Sie niemanden kennen. Wetten, dass Sie schon nach kurzer Zeit Ihr Adressbuch voll haben? Vorausgesetzt, Sie netzwerken richtig. Den größten Nutzen ziehen Sie aus Netzwerken, wenn

- Sie keine Probleme mit Kooperation und Konkurrenz haben.
- Sie wissen, dass Einzelkämpfer es schwerer haben.
- Sie gern mit Menschen zusammen sind.
- Sie von anderen lernen möchten und eigenes Wissen gern weitergeben.
- Sie Synergieeffekte nutzen möchten.

Wann sollte man mit Networking beginnen?

Schlau ist, wer nicht erst beginnt, Kontakte zu knüpfen, wenn sie akut gebraucht werden. Harvey Mackay, ein amerikanischer Redner und Autor nannte sein Buch über Beziehungspflege *Dig your well before you're thirsty* (Grab dir einen Brunnen, bevor du durstig wirst). Die deutsche Ausgabe heißt *Suche dir Freunde, bevor du sie brauchst* und ist damit auch Programm für das, was man unter Beziehungsaufbau und -pflege verstehen sollte. Dies bedeutet, dass man am besten schon bei der Ausbildung im Unternehmen oder auf der Hochschule mit dem Aufbau und der Pflege von Netzwerken beginnt. Meiner Meinung nach sind die Chancen für neue, interessante Kontakte und Beziehungen selten so gut wie im Studium. Man ist noch nicht so eingebunden in den beruflichen Stress und man lernt die unterschiedlichsten Leute auf einer relativ lockeren Duz-Ebene kennen. Für Hochschulabsolventen wurden in den letzten Jahren nach amerikanischem Vorbild vermehrt „Alumnivereine" gegründet, in denen sich Hochschulabsolventen und Studierende zusammengeschlossen haben. Diese Organisationen bieten ihren Mitgliedern eine Menge Dienstleistungen wie zum Beispiel die Vermittlung von Praktika oder Kontakte zu Unternehmen und Jobbörsen, die den Einstieg in die Arbeitswelt erleichtern. Klar ist: Wem hier geholfen wurde, der hilft, sobald er oder sie im Job arriviert sind, auch anderen weiter.

Wie funktioniert Networking im Verband?

Die Amerikaner und Engländer haben es uns mit ihren „Old-Boys-Networks" schon lange vorgemacht. Und auch bei uns begreifen immer mehr Männer und Frauen, dass die Mitgliedschaft in einem „Netzwerk" oder in einem Berufsverband dabei helfen kann, bekannter zu werden und den beruflichen Erfolg zu steigern. Für nahezu alle Berufsgruppen gibt es mittlerweile Berufsverbände, in denen fachspezifischer Austausch stattfindet. Während Sie in den

Berufsverbänden auf „Mitbewerber“ treffen, sind die Netzwerke, deren Mitglieder vorwiegend Frauen sind, in der Regel überberuflich. Der Reiz einer Mitgliedschaft in einem Netzwerk besteht darin, mit Menschen zusammenzutreffen, die einem üblicherweise nicht begegnen. Da sitzt die Galloway-Züchterin neben der Eventmanagerin, die Sozialrichterin neben der Trainerin oder der Werbeberaterin. Mit Glück findet man die Adressen von Netzwerken in den „Gelben Seiten“, ganz sicher aber unter der Rubrik „Verbände“ über Suchmaschinen im Internet.

Die meist monatlichen Treffen der Netzwerke und Berufsverbände – sei es für Männer oder Frauen – finden in Hotels oder den Räumen der Verbände statt. Bisweilen laden aber auch große Firmen ein. In der Regel gibt es zwischen den informellen Teilen – dem eigentlichen Networking – einen Vortrag, häufig gehalten von einem Mitglied des Verbandes oder Netzwerkes. Auch hier haben Sie übrigens die Möglichkeit und Gelegenheit, sich in der Diskussion zu profilieren und somit bleibende Eindrücke zu hinterlassen. Netzwerke und Berufsverbände sind in der Regel eingetragene Vereine und finanzieren sich durch Mitgliedsbeiträge.

Welche persönlichen Voraussetzungen braucht man für Networking?

Massenhafte Kontakte und dicke Adressbücher allein machen den Kohl noch nicht fett. Was häufig vergessen wird, ist die Pflege dieser Kontakte. Aus lockeren und vielleicht eher unverbindlichen Kontakten müssen erst noch Beziehungen werden, also tragfähige Netzwerke, von denen Sie auch etwas erwarten können. Neurologen haben herausgefunden, dass es drei Jahre braucht, bis sich die Zellen des Kleinkindgehirns vernetzt haben. Aus soziologischen Untersuchungen zum Thema „Netzwerke“ weiß man, dass aus lockeren Kontakten auch erst nach drei Jahren Beziehungen werden. Zufall?

Wenn Sie

- gern unter Menschen sind,
- empathisch sind,
- sich gut Namen merken können,
- die Leistungen anderer Menschen loben können,
- Empfehlungen aussprechen,
- stets die wichtigen Daten und Infos Ihrer Netzwerkkontakte aktualisieren und diese auch nutzen,
- darüber nachdenken, wie Sie für andere Menschen Nutzen schaffen können,
- sich bedanken, weil Ihnen jemand etwas Gutes oder einen Gefallen getan hat,
- stets Ihre Visitenkarte mit sich führen und mit interessanten Gesprächspartnern austauschen,

dann bringen Sie gute Voraussetzungen mit, aus lockeren Kontakten Beziehungen entstehen zu lassen.

Wo ist der beste Ort zum Networking?

Gibt es den überhaupt? Ich meine, ja. Ganz einfach: Der beste Ort zum Networking ist da, wo Sie gerade sind: Nämlich überall, wo Sie auf Menschen stoßen, mit denen Sie ins Gespräch kommen oder ein Anliegen teilen. Das kann im Flugzeug sein und in der Bahn (angeblich soll die Erste Klasse ein besonders guter Ort sein), vorausgesetzt, Sie verschanzen sich nicht hinter

Ihrer Zeitung oder dem Laptop. Das kann der Sportverein oder das Fitness-Studio sein. Und auch auf dem Spielplatz, den Sie mit Ihren Kindern besuchen, können Sie netzwerken, denn über kurz oder lang werden Sie sich da mit anderen Eltern unterhalten. Eine Freundin kam an diesem wenig berufsorientierten Ort vor Jahren mit einem Vater ins Gespräch. Aus dieser „Sandkastenbeziehung" wurde eine Freundschaft, die auch die Ehepartner miteinbezog und aus der sich langjährige Geschäftskontakte entwickelten.

Wie lauten die Dos und Don'ts beim Netzwerken?

Berufliche Netzwerke und Berufsverbände beruhen auf gegenseitigem Geben und Nehmen. Als Schnorrer à la „haben Sie nicht einen Job für mich?" werden Sie in kürzester Zeit enttarnt und haben verspielt. Auch von Ihnen wird erwartet, dass Sie sich einbringen und Ihren Kollegen Nutzen bringen. Sie meinen, dass sei für einen Berufsanfänger den „alten Hasen" gegenüber nicht möglich? Falsch! Drehen Sie den Spieß herum! Bieten Sie sich als Referent an. Das Thema Ihres Vortrags könnte aus ihrer Diplomarbeit stammen oder aus einem anderen Spezialgebiet, über das Sie gerne referieren möchten.

Sie sind jung, Sie haben vielleicht gerade Ihre Berufsausbildung beendet, sind auf der Suche nach einem Arbeitsplatz und Sie haben aus diesen Gründen keine Visitenkarte. Verzeihlich? Ich meine, nein. Heutzutage kommt keiner mehr ohne aus. Name und Anschrift auf einen kleinen Schmierzettel schreiben? Nein, das ist unprofessionell und passt nicht zu Ihnen, wenn Sie Karriere machen möchten. Visitenkarten haben und mit Ihnen umgehen sind zwei Paar Schuhe. Was macht man denn nun mit den kleinen Dingern? In einem Buch zum Thema „Networking" fand ich eine Karikatur, die mich sehr amüsiert hat. Abgebildet waren zwei Männer, die sich an einem Bistrotisch gegenüber standen. Einer überreichte dem anderen seine Karte, worauf dieser sagte: „Nein danke, ich kenne schon genug Leute." Wobei wir auch schon beim größten Kardinalfehler sind, nämlich dem, die Annahme einer Visitenkarte zu verweigern. Werfen Sie die Karten meinetwegen weg, wenn Sie allein sind, verlieren Sie sie absichtlich, aber lehnen Sie sie keinesfalls ab. Das wäre ein persönlicher Affront, den Sie sich nicht erlauben sollten.

Wenn Netzwerkpartner Ihnen einen Gefallen getan haben, Ihnen zum Beispiel einen neuen Kunden zugeführt haben, sollten Sie es in keinem Fall versäumen, sich dafür zu bedanken. Es gibt keinen Grund, dies zu unterlassen. Nutzen Sie Ihrerseits die Kontakte, die Ihnen durch andere vermittelt wurden umgehend. Seien Sie zuverlässig und verbindlich und nicht wie die junge Dame, der ich für ihre Wohnungssuche vor Jahren einen Kontakt an ihrem neuen Studienort vermittelt hatte. Meine Kontaktperson hatte sich bereits umfassend nach Wohnungen erkundigt und was passierte: Die junge Dame meldete sich nicht einmal. Bleiben Sie Ihren Networking-Partnern stets in Erinnerung durch Grüße an Festtagen und Jubiläen.

Schlagen Sie auch nach bei

→ Benehmen und Outfit
→ Beziehungsintelligenz
→ Empathie
→ Schlagfertigkeit
→ Small-Talk-Fähigkeit

Literaturhinweise

Mackay, Harvey. *Suche Dir Freunde, bevor Du sie brauchst.* Econ 2000

Scheler, Uwe. *Erfolgsfaktor Networking: Mit Beziehungsintelligenz die richtigen Kontakte knüpfen, pflegen und nutzen.* Campus 2000

Wikner, Ulrike. *Networking – die neue Form der Karriereplanung: Geschäftsbeziehungen knüpfen und erfolgreich nutzen.* Lexika 2000

Wurzer, Jörg. *30 Minuten für die richtigen Kontakte im Beruf.* GABAL 2000

Schlagfertigkeit

Das rechte Wort zur rechten Zeit: Wenn Ihr Chef Sie in einer Besprechung provoziert, wenn Sie unfair angegriffen werden, wenn die Kollegen sexistische Sprüche klopfen oder die Kosmetikverkäuferin die Nase wieder mal sehr hoch trägt, dann wünscht man sich nichts sehnlicher als eine schlagfertige Bemerkung, die dem Gegenüber den Wind aus den Segeln nimmt und das Kommunikationsgleichgewicht wieder herstellt. Stattdessen fällt einem auf die Schnelle keine Antwort ein. Man ist regelrecht sprachlos und bestraft sich zusätzlich noch damit, dass man sich wochenlang über diese Ungeschicklichkeit ärgert. Wer sich hilflos fühlt und meint, vor aller Augen erniedrigt worden zu sein, denkt oft nur an eines: „Dir zahle ich es heim!“ Dies ist jedoch sicher keine vernünftige Alternative und trifft vor allem die Quelle des Ärgers nicht. Die sind nämlich Sie selbst. Wenn Sie in der Lage gewesen wären, verbal zu reagieren, hätte ihr Gesprächspartner nicht so leichtes Spiel gehabt. Es ist also an Ihnen, sich gegen künftige Angriffe und Provokationen mit Schlagfertigkeit zu wappnen. Nicht viel besser geht es denen, die sich statt zu kontern und wortgewandt zu reagieren, in entsprechenden Situationen rechtfertigen oder aber wortreich verteidigen. Sie stehen damit hilflos an der Wand und machen in der Regel keine gute Figur. Dies ist weder gut für das Selbstbewusstsein noch für die Außenwirkung.

Was versteht man unter Schlagfertigkeit?

Schlagfertigkeit ist die Kunst, in unangenehmen, schwierigen und ungewohnten Situationen zur rechten Zeit die rechten Worte parat zu haben und damit seine Ziele zu erreichen. Schlagfertigkeit ist eine spontane verbale Reaktion, eine Antwort auf einen Angriff, eine Beschuldigung oder auf eine humorige Bemerkung. Es ist keine Flegelei oder Unverschämtheit und hinterlässt folglich auch keine „verbrannte Erde“. Eine schlagfertige Reaktion macht deutlich, dass man sich nicht alles gefallen lässt und demonstriert dies dem anderen zum Teil in Humor verpackt. Schlagfertige Menschen entscheiden sich ganz bewusst, wann sie reagieren und wann es gegebenenfalls klüger ist, den Mund zu halten. Schlagfertigkeit dient der Bewahrung oder Wiederherstellung der persönlichen Souveränität. Es geht nicht darum, andere fertig zu machen und runterzubügeln, sondern darum, selbst mehr Souveränität auszustrahlen, sich sicherer und weniger hilflos zu fühlen. Schlagfertigkeit ist also eher reaktiv als angreifend. Schlagfertigen Menschen kann es aber auch auf charmante Art gelingen, andere Menschen für sich zu gewinnen, sprich Punkte zu machen, durch einen gut gezielten charmanten Konter, bei dem Sie die Lacher auf Ihrer Seite haben.

Weshalb sind schlagfertige Menschen im Vorteil?

Schlagfertige Menschen wirken intelligenter und haben allein schon dadurch berufliche Vorteile, weil man ihnen mehr zutraut. (Wobei der Zusammenhang zwischen Schlagfertigkeit und Intelligenz allerdings nicht bewiesen ist.) Außerdem ergab eine Forsa-Untersuchung aus dem Jahre 1998, dass wortgewandte Männer und Frauen erotisch attraktiver sein sollen. Und ist dies nicht schon Grund genug dafür, sich in Schlagfertigkeit zu üben! Schlagfertige Menschen wehren verbale Angriffe so ab:

- Sie lassen Angreifer ins Leere laufen und gehen nicht auf deren Frechheiten ein.

- Die verfeinerte Variante des Ignorierens: Sie steigen nicht inhaltlich ein und wechseln stattdessen blitzschnell das Thema.

- Nach dem Motto „Wer fragt, der führt“, stellen sie eine Gegenfrage und zwingen den anderen so, sich zu erklären. Sie verpacken also geschickt die Frage: „Wie haben Sie denn das gemeint?“

- Sie verwenden die Methode „Unpassende Sprichworte“: Statt auf eine Angriff einzugehen, kontern sie spontan mit einem Sprichwort, das keinen inhaltlichen Zusammenhang zum Gesagten hat. Ziel: Der Angreifer ist verwirrt und denkt über den Zusammenhang nach. Dadurch gewinnt der Schlagfertige wertvolle Zeit, um eine Erwiderung zu finden. Dabei kann jedes Sprichwort „unpassend“ sein. Eine Schwalbe macht noch keinen Sommer. Ohne Fleiß keinen Preis. Ende gut, alles gut. Wer Sorgen hat, hat auch Likör. Kramen Sie doch einmal in Ihrem Sprichwortgedächtnis und halten Sie sich für alle Gelegenheit ein oder zwei Sprichworte parat, die Sie beliebig einsetzen. Achtung: Diese Methode ist für eine Auseinandersetzung mit Vorgesetzten weniger geeignet.

- Abwehren durch die „Rechthabe-Technik“. Hier drehen Sie den Spieß einfach herum. Anstatt sich verbalen Angriffen zu unterwerfen, sich zu verteidigen oder zu rechtfertigen, zu widersprechen oder gar anzugreifen oder noch schlimmer, sich abgewertet zu fühlen, stimmen Sie unter bestimmten Bedingungen zu und lassen somit den Angreifer gewissermaßen ins Leere laufen. Es geht also vorrangig darum, den Anderen zu bestätigen beziehungsweise ihm durch Übertreibung den Wind aus den Segeln zu nehmen und sich keinesfalls auf eine Debatte einzulassen. Diese Methode nimmt Ihrem Kontrahenten die Freude am Angriff und wenn Sie humorvoll und locker dabei sind, können Sie eine schlechte Atmosphäre verbessern. Diese Technik wenden Sie bitte nicht an, wenn es sich um ernstgemeinte und berechtigte Kritik handelt. Hier zwei Beispiele:
  (a) Können Sie nicht lesen!
  (b) Nein, woher denn? Kennen Sie die Ergebnisse der Pisa-Studie nicht?

(a) Ziehen Sie sich immer so geschmacklos an?
(b) Ich dachte, diese Kombination würde Ihren Gefallen finden. Schade!

Wie können Sie Ihre Schlagfertigkeit verbessern?

Gewiss, es gibt wie bei vielen Soft Skills so auch beim Thema Schlagfertigkeit Talente, die anscheinend mühelos zur rechten Zeit das rechte Wort parat haben und dabei auch noch amüsant klingen. Und die anderen haben eben Pech gehabt? Ich meine, nein. Übung macht auch hier den Meister und wem es wichtig ist, der wird seine Fähigkeiten verbessern können. Zum Beispiel durch folgende Vorgehensweise: Schreiben Sie die Situationen auf, in denen es Ihnen deutlich an Schlagfertigkeit fehlte.

- Analysieren Sie, weshalb das so war.

- Überlegen Sie nun, was Sie beim nächsten Mal in dieser oder einer vergleichbaren Situation besser machen können. Schreiben Sie eine schlagfertige Formulierung auf. Üben Sie diesen Schritt mit guten Freunden. Beziehen Sie auch deren Ideen mit ein.

- Überlegen Sie, in welchen zukünftigen Situationen Schlagfertigkeit gefordert sein könnte. Spielen Sie diese Situationen durch und üben Sie auch hier Schlagfertigkeit ein.

- Erkennen Sie, dass es ist nicht immer sinnvoll ist, schlagfertige Antworten parat zu haben und somit die Lacher auf seine Seite zu ziehen. Gerade wenig selbstbewusste Vorgesetzte mögen es nicht, wenn sie von Ihnen bloßgestellt werden.

- Schulen Sie Ihre Schlagfertigkeits-Kreativität, indem Sie witzige Bemerkungen anderer aufschreiben, oder schreiben Sie mit, was Sie in Talkshows (zum Beispiel Harald Schmidt) oder bei Kabarettveranstaltungen hören. (Bedenken Sie allerdings, dass diese Gags meist das Resultat einer Teamsitzung sind. Kriegen Sie also keine Komplexe, weil Sie noch nicht auf solche Ideen kommen!).

- Zur Schlagfertigkeit bedarf es auch Mut, Risikobereitschaft und Selbstbewusstsein. Ohne das geht es überhaupt nicht. Denn was nützen die tollsten und witzigsten Konterideen, wenn Sie sich nicht trauen, diese auch anzuwenden.

Viele Volkshochschulen bieten Seminare zum Thema „Schlagfertigkeit“ an. Auch viele Kommunikationstrainer haben dazu Fortbildungen im Programm. Auch bei den in den Literaturhinweisen genannten Autoren können Sie Seminare buchen. Auskunft dazu geben Ihnen die jeweiligen Verlage.

Die Reaktion auf verbale Attacken kann man üben. Wie könnten Sie auf folgende Vorwürfe oder Unterstellungen reagieren?

- Könnte das nicht schneller gehen? Ich wundere mich, dass ich erst jetzt die Ergebnisse bekomme.

- Für ein neues Auto hast Du wohl kein Geld mehr.

- Der Mann, den du gestern auf die Party mitgebracht hast, war aber hässlich.

- Deine Bluse ist ja hübsch. Die habe ich bei C&A in allen Größen und Farben gesehen. Steht Dir wirklich gut.

- Sie kommen mal wieder reichlich spät.

- Sie haben den Mund ja ziemlich voll genommen.

- Sie haben ein Gedächtnis wie ein Sieb!

- Finden Sie nicht auch, dass Ihnen der Anzug zu klein ist?
- Hübsch, diese Krawatte. Trägt man so was noch?
- Für 45 sehen Sie aber ganz schön alt aus!

Wie zeigt man Schlagfertigkeit bei öffentlichen Vorträgen?

Gerne erinnere ich mich an Bundestagsdebatten der sechziger und siebziger Jahre, bei denen sich Herbert Wehner (SPD) und Franz-Joseph Strauß (CSU) heftige rhetorische Wortgefechte lieferten und so manche langweilige Sitzung aufpeppten, weil sie in der Regel intelligent konterten. Allerdings wurden beide Herren immer wieder zu Ordnung gerufen, da manches unter die Gürtellinie ging: Heute wünscht man sich diese lebhaften Zeiten so manches Mal zurück. Sollten Sie einen Vortrag halten und von aggressiven Zuhörern aus dem Konzept gebracht werden, können Sie wie folgt kontern:

- Wenn Sie als Theoretiker beschimpft werden: „Wenn Sie mich kennen würden, wüssten Sie, wie gut meine praktischen Erfolge sind!"
- Wenn ein Handy im Saal klingelt: „Gehen Sie ruhig dran. Wir hören Ihnen gern zu!"
- Wenn die Zuhörer in der ersten Reihe den Kopf schütteln, schütteln Sie ebenfalls den Kopf: „Ging mir genauso. Um so erstaunter war ich über die einfache Lösung."
- Wenn ein Zuhörer meint, dass es ihm jetzt „reicht": „Schade, ich hätte Ihnen mehr zugetraut!"
- Wenn Sie sich anhören müssen, dass ihr Vortrag nicht besonders kompetent war, fragen Sie nach: „Kommen Sie aus

der Branche?" Wenn ja: „Dann müssten Sie es eigentlich besser wissen!" Wenn nein: „Dann können Sie es nicht beurteilen!"

Trainieren Sie Ihre Schlagfertigkeit mit einer Kreativitätsübung: Ihre Aufgabe besteht darin, aus den folgenden Wortkombinationen eine kleine Geschichte zu formulieren, die Sie in ein bis drei Minuten erzählen. Die Worte sollten nicht in einem Satz vorkommen.

- Munddusche – Schiff – Eier
- Reeperbahn – Gartenhaus – Schneiderin
- Aktien – Strickwolle – Leiter
- Medizin – Möbelwagen – Osterhase
- Lippenstift – Kaffeemaschine – Kindergeburtstag
- Tannenbaum – Teesieb – Schule
- Seilbahn – Kohlrabi – Buch
- Papst – Moped – Hakennase
- Gesundheit – Kaffeefilter – Luftpumpe
- Kaktus – Marmorkuchen – Bürostuhl

Literaturhinweise

Berckhan, Barbara. *Die etwas intelligentere Art, sich gegen dumme Sprüche zu wehren: Selbstverteidigung mit Worten. Ein Trainingsprogramm.* Kösel 2002

Barbara Berckhan bietet auch Seminare zum Thema Schlagfertigkeit an.

Pöhm, Matthias. *Nicht auf den Mund gefallen: So werden Sie schlagfertig und erfolgreicher.* mvg 2000

Für Matthias Pöhm war ein traumatisches Erlebnis der Anlass, sich mit diesem Thema zu beschäftigen: Er wurde als junger

Betriebsrat auf einer Betriebsversammlung von der Geschäftsleitung angesprochen, bekam vor Schreck einen roten Kopf, und ihm versagte vor Angst die Stimme. Er schwor sich damals, dass ihm so etwas nie weder passieren sollte und ist nun Bestsellerautor geworden.

Neumann, Reiner. *Schlagfertig reagieren im Job: Sicher auftreten, gekonnt argumentierten, sich erfolgreich zur Wehr setzen.* moderne industrie 2001

Selbstdisziplin

Meine bisher erschienen Bücher habe ich in der Regel zu Hause am PC geschrieben; auf Reisen war mir mein Laptop zu Diensten. Wenn mir weder das eine noch das andere zur Verfügung stand, ist es auch schon vorgekommen, dass ich mit Block und Kuli bewaffnet in einem Hotelzimmer saß. Letztere Variante ist mir am wenigsten lieb, da sie Zeit raubendes Nacharbeiten nach sich zieht und mir von daher uneffektiv erscheint. Dieses Kapitel ist so entstanden und da es einen Zusammenhang mit dem Thema des Kapitels gibt, möchte ich näher darauf eingehen.

Gemeinsam mit Freunden befand ich mich auf einem Wochenendausflug nach Groningen in Holland, um in einem der dortigen Museen eine Ausstellung zu besuchen. Für diese Veranstaltung inklusive weiterer Ausflüge waren zwei Tage vorgesehen. Wie es dazu kam, dass ich mich auf der Fahrt mit meinem Terminkalender beschäftigte, weiß ich heute nicht mehr. Jedenfalls wurde mir klar, dass ich in den verbleibenden zweieinhalb Monaten bis zur vertragsgemäßen Abgabe meines Manuskriptes noch zu viel zu tun haben würde, um die Frist einzuhalten. Da meine Selbstdisziplin in der letzten Zeit offensichtlich nicht so groß gewesen war, wie sie es hätte sein sollen, damit ich dieses Wochenende ohne schlechtes Gewissen entspannt hätte verbringen können, zog ein inneres Unwetter auf. Ich fragte mich: Was hat mich bislang daran gehindert, meinen Job zu tun, nämlich dieses Buch zu schreiben? Ich hatte die Aufgabe freiwillig angenommen, denn Bücher zu schreiben finde ich spannend. Und dennoch war es mir nicht ausreichend gelungen, meinen inneren Schweinehund zu bekämpfen. Ich begriff, dass mir ein wenig lustvolles Wochenende bevorstehen würde, sollte es mir nicht gelingen, ein Stück voranzukommen. Kein guter Start für eine Unternehmung, auf die ich mich gefreut hatte.

Meine Gedanken kreisten um das Thema Selbstdisziplin und mir fielen viele Beispiele für erfolgreiche und weniger erfolgreiche

Selbstdisziplin ein. Zu meiner Ehrenrettung muss ich sagen, dass die meisten negativen Beispiele nicht zu meinem persönlichen Erfahrungsschatz gehörten. Eine korpulente Freundin hatte schon zigmal versucht, zu Jahresbeginn abzunehmen. Andere versuchten zum hundertsten Mal, sich das Rauchen abzugewöhnen und Sport zu treiben. Ein Freund von mir hatte auf den letzter Drücker seine Diplomarbeit abgegeben. Vorausgegangen waren drei Wochen, in denen er seine Wohnung deshalb nicht mehr verlassen hatte. Eine Freundin von mir startete immer einen Großputz in ihrer Wohnung, sobald eine Prüfung anstand, für die sie lernen musste. Also unendlich viele Situationen, in denen intelligente Menschen sich ihr Leben unnütz erschwerten. Weil es ihnen nämlich vor allem an einem fehlte: an Selbstdisziplin.

Ich überlegte, wie ich aus meiner Zwickmühle herauskommen könnte, und mit Hilfe meines Freundes fasste ich den Entschluss, einen Teil des Ausflugsprogramms abzusagen und stattdessen dieses Kapitel zu schreiben. Als die anderen loszogen, saß ich in einem ziemlich ungastlichen Hotelzimmer. Während die Sonne ins Zimmer schien und nach draußen lockte, im Fernsehen just an diesem Nachmittag ein tolles Programm lief und ein Haufen mitgebrachter Zeitschriften und ein spannender Krimi in meinem Koffer lagen, freute ich mich schon darauf, am Ende des Nachmittags mit einem fertigen Kapitel belohnt zu werden und den Rest des Wochenendes dann wirklich zu genießen. Und wie Sie sehen, gelang es mir. Dieses Kapitel entstand in einem Hotel in Papenburg.

Was versteht man unter Selbstdisziplin?

Ich gebe zu, „Selbstdisziplin“ hört sich wenig lustvoll an. Und vielleicht klingt dieser Begriff in den Ohren junger Menschen so negativ und altbacken, dass sie sich mit diesem Thema am liebsten gar nicht befassen wollen. Aus vielen Gründen ist dieser Aspekt der Soft Skills jedoch so wichtig, dass ich keine Umschreibung dafür gewählt habe. Unter Selbstdisziplin versteht man den festen Willen, sich im Sinne der Erreichung seiner Ziele selbst zu managen durch

- Verzicht auf kurzfristige Ablenkungen (im Internet surfen statt zu arbeiten, putzen statt zu arbeiten...),
- Konzentration auf das Ziel,
- bewusstes Anpacken von Dingen, die schwer fallen.

Selbstdisziplin liest und fühlt sich im ersten Moment an wie Knäckebrot statt knusprigem Brötchen, wie billiger Rotwein statt Château Neuf du Pape. Mit anderen Worten: Selbstdisziplin ist etwas für Leute, die bereit sind, kurzfristig auf angenehme Ablenkungen zu verzichten, um langfristig erfolgreich zu sein. Selbstdisziplin ist ein Mittel, um Erfolg zu erzielen. Egal, wohin Sie schauen – Politik, Business, Kultur, Forschung und Wissenschaft – mir fällt kein Beispiel ein, bei dem Menschen erfolgreich wurden, die nicht über Selbstdisziplin verfügten und sich stattdessen nur treiben oder den Zufall walten ließen.

Eines vorweg: Es gibt nicht die eine Lösung, nicht das Patentrezept, um disziplinierter zu sein. Ähnlich wie beim völlig individuellen Erleben von Stress müssen Sie auch hier Ihren individuellen Weg finden. Viele Wege führen nach Rom. Welcher könnte zu Ihnen passen?

Gehören Sie zu den Jasagern?

Wenig disziplinierte (undisziplinierte) Menschen lassen sich schneller von ihren Zielen abbringen als andere. Sie nehmen jede Gelegenheit, anderen zu helfen, gerne wahr und übersehen dabei, dass sich selbst damit schwächen. Da ist Ihre Kollegin, die Sonderurlaub haben möchte, obwohl sie gerade an dem Nachmittag gebraucht wird. Sie meinen vielleicht: „Da konnte ich doch nicht Nein sagen." Wobei „konnte" auch nicht richtig ist. In den meisten Fällen muss es richtigerweise: „Ich wollte nicht", heißen, weil Sie ja nett und höflich sein möchten. Ihre Entscheidung, die Ihnen letztendlich den Vorteil bringen soll, grenzenlos beliebt zu sein, nimmt Ihnen Zeit für wesentliche Dinge. Aber warum sagen wir „Ja", obwohl wir doch „Nein" meinen:

- Wir sind überrascht oder überrumpelt worden.
- Wir möchten gefallen.
- Wir haben Angst, andere zu verletzen.
- Wir fürchten uns vor Strafe oder Verlust.
- Wir haben Schuldgefühle.
- Wir glauben, einer Autorität gehorchen zu müssen.
- Wir möchten einen Gefallen erwidern.
- Wir identifizieren uns mit dem anderen.
- Wir handeln aus Pflichtgefühl.
- Wir fühlen uns wohl in der Märtyrerrolle.
- Wir befriedigen damit ein Machtbedürfnis.

Gehen Sie einmal in sich! Trifft etwas auf Sie zu? Kommen Sie sich selbst auf die Schliche, indem Sie sich die folgenden Fragen stellen: In welchen Situationen und bei welchen Menschen fällt es Ihnen leicht oder leichter, Nein zu sagen? Bei wem und in welchen Situationen fällt es Ihnen dagegen schwer? Welche Gedanken hindern Sie daran, Nein zu sagen? Was vermuten Sie, wird eintreten, wenn Sie Nein sagen? Welche Vorteile haben Sie, wenn Sie nicht Nein sagen? Wie kann es Ihnen gelingen, besser Nein zu sagen?

Wenn Sie es schaffen, konsequent Nein zu sagen, machen Sie sich vielleicht nicht unbedingt eine Menge neuer Freunde, Sie haben aber gewiss viel Freiraum für Ihre Aktivitäten und können diese zügig abschließen. Nein sagen können Sie aber auch lernen, falls es da noch mit Ihrer Konsequenz hapert. Und das geht so:

- Bitten Sie um Bedenkzeit, wenn Sie um eine Gefälligkeit gebeten werden und lassen Sie sich keinesfalls den Zeitdruck anderer Leute aufzwingen (bei Ihrem Chef können Sie dann und wann mal eine Ausnahme machen). Entscheiden Sie dann in Ruhe, auf was Sie sich einlassen möchten.

- Gewöhnen Sie sich an den Gedanken, dass Sie nicht bei allen Menschen beliebt sein möchten und das auch keinesfalls nötig ist. Dieser Gedanke hilft beim Nein sagen enorm.

- Begründen Sie Ihr Nein kurz und knackig, lassen Sie sich aber dann nicht mehr auf inhaltliche Diskussionen und Debatten ein, die im Grunde auf ein Überreden hinauslaufen sollen.

- Stellen Sie Bedingungen, wenn Sie um einen Gefallen gebeten werden: „Mach‘ ich gern für dich. Gut, dass du gerade da bist, ich brauche noch… von dir. Bist du so nett, das noch vorab für mich zu erledigen?“ Machen Sie es dem Bittsteller nicht so leicht. Je aufwändiger Ihr Wunsch ist, umso wahrscheinlicher ist es, dass Sie in Ruhe gelassen werden.

Versuchen Sie trotz allem immer zu unterscheiden, ob man Sie aus Faulheit und Bequemlichkeit um einen Gefallen bittet, oder ob eine echte Notlage dahinter steht. Entscheiden Sie sich dann, ob Sie Ja oder Nein sagen.

Was hat Selbstdisziplin mit Zielen zu tun?

Ohne Ziele ist es schwer, diszipliniert zu sein. Anstrengungen auf sich zu nehmen ist leichter, wenn man weiß, wofür man das tut. Dies gilt auch für das Thema Selbstdisziplin. Finden Sie für sich heraus, welches Ziel Sie jeweils mit Hilfe von Selbstdisziplin anstreben möchten. Vorab sollten Sie jedoch noch wissen, dass Ziele folgenden Kriterien entsprechen müssen:

- Ziele müssen konkret sein: „Ich möchte Karriere machen“, ist viel zu ungenau. Besser: „Ich möchte im Verkauf auf einer mittleren Führungsebene Karriere machen.“

- Ziele müssen messbar sein: „Ich will nicht mehr so viel arbeiten“, ist nicht messbar. Besser: „Ich möchte nicht mehr als fünf Überstunden in der Woche machen.“

- Ziele müssen attraktiv sein: Die Aussage: „Ich möchte unbedingt ein paar Jahre ins Ausland gehen“, ist vermutlich kein Anreiz, wenn Sie gerade ein neues Haus gebaut haben und das erste Kind unterwegs ist. Besser: „Wenn meine Partnerin mitzieht, will ich ein paar Jahre im Ausland verbringen, bevor unser Kind in die Schule kommt.“

- Ziele müssen realistisch sein: „Ich will Generaldirektor werden“, ist wahrscheinlich wenig realistisch, wenn Sie bislang weder durch Ehrgeiz und Leistung noch durch persönliche Fähigkeiten bekannt wurden. Besser: „Ich möchte bis zum 35. Lebensjahr die nächsten beiden möglichen Karrieresprünge in der Firma geschafft haben.“

- Ziele müssen mit einem Datum verknüpft sein und schriftlich festgehalten werden: „Ich will irgendwann einmal genügend Geld für ein eigenes Haus auf die Seite gelegt haben“, ist viel zu ungenau. Besser: „Ich möchte mein Eigenheim bis zum Jahre 2010 beziehen und dieses sollte bis 2025 abbezahlt sein.“

Wie begegnet man der Aufschieberitis und dem Last-Minute-Stress?

Menschen mit wenig Selbstdisziplin zeichnen sich dadurch aus, dass sie Aufgaben gern aufschieben. Sie beginnen mit der Arbeit auf dem letzten Drücker, und die Zeit bis dahin ist geprägt durch ein schlechtes Gewissen, das sich deutlich negativ auf die Stimmung auswirkt und von daher schädlich ist. Wer Dinge aufschiebt, ist immer mit der Vergangenheit beschäftigt, statt den Blick auf die Zukunft zu richten. Zudem wird häufig übersehen, dass aufgeschobene Probleme nicht kleiner, sondern vielmehr größer werden und dann auch wesentlich aufwändiger in der Bearbeitung sind. Das Schlimmste an der Aufschieberitis ist jedoch der Verzicht auf eine Belohnung: Die Freude über ein abgeschlossenes Projekt, der Stolz darauf, den inneren Schweinehund besiegt zu haben. Wie ist es bei Ihnen bestellt? Weshalb schieben Sie Arbeiten auf und welche Aussagen treffen auf Sie zu?

- Ich brauche stets Druck, um an schwierigen Aufgaben weiterzuarbeiten.
- Ich lasse mich gern von allem Möglichen unterbrechen und von der eigentlichen Arbeit abhalten.
- Oft suche ich nach Gründen und Entschuldigungen, um ein schwieriges Gespräch aufzuschieben.
- Es fällt mir schwer, bei unangenehmen Entscheidungen eine klare Position zu beziehen.
- Ich laufe häufig mit einem schlechten Gewissen herum.
- Ich schiebe gern unangenehme Dinge auf andere ab.
- Um wirklich wichtige Dinge anzupacken, bin ich häufig zu nervös.

- Ich vermeide es, mir Termine zu setzen.

- Schwierige Aufgaben verschiebe ich auf die letzte Minute und gerate dann in Panik, wenn sie fertig werden sollen.

- Wenn ich mich mit neuen Aufgaben befasse, lasse ich meinen Schreibtisch so wie er ist, selbst wenn er nicht aufgeräumt ist.

Prüfen Sie, was Sie zum Aufschieben verleitet:

- Steht die Aufgabe in Zusammenhang mit einem Konflikt?

- Ist Ihnen die Aufgabe fremd und Sie haben vielleicht Angst davor, Fehler zu machen?

- Macht Ihnen die Aufgabe keinen Spaß?

- Sind Sie vielleicht zu faul und zu bequem?

- Ist die Aufgabe schwierig oder zu schwierig und Sie müssen sich richtig anstrengen?

- Glauben Sie, dass Sie den Adrenalinkick brauchen?

Gehen Sie also einmal selbstkritisch in sich und forschen Sie nach den Gründen. Wenn Sie bislang ein Freund des Aufschiebens waren und nun erkannt haben, dass dies Sie in Ihrer beruflichen Entwicklung stören könnte oder bereits stört, kommt nun eine Aufgabe auf Sie zu: Sie müssen dieses vertraute Verhalten ändern und neue Angewohnheiten annehmen. Mark Twain sagte übrigens Folgendes zum Thema Aufschieben: „Wenn du zwei Kröten zu schlucken hast, schluck' die größere zuerst und schau' sie dir nicht zu lange an."

Gehören Sie zu den Perfektionisten?

Der Wunsch, alles perfekt zu machen, führt häufig dazu, Dinge aufzuschieben und undiszipliniert zu sein. Die fehlende Zeit dafür, auf höchstem Niveau zu arbeiten verleitet manchen, erst gar nicht mit der Arbeit zu beginnen. In meiner Beratungspraxis und in Seminaren zum Thema Zeitmanagement habe ich oft Teilnehmer erlebt, die über zu wenig Zeit für das Wesentliche klagten und dabei übersahen, dass sie sich völlig in Details verliebten und dabei nicht dazu kamen, nötige Arbeiten fertig zu stellen. Andere wiederum begannen ihre Jobs erst gar nicht, weil sie glaubten, nicht über ausreichend Informationen und genügend Zeit zu verfügen, um ihre Arbeit zu machen. Tatsächlich waren sie jedoch informationsmäßig überversorgt und nicht in der Lage, die richtigen Infos auszuwählen. Kurzum, weil Ihnen nicht alles perfekt genug war, standen Sie sich selbst im Weg. Der Sohn eines Freundes schaffte es zum Beispiel nicht, seinen Vater mit einem selbstgemachten Weihnachtsgeschenk zu überraschen. Er hatte die Latte seiner ästhetischen Ansprüche so hoch gelegt, dass die Bastelarbeit immer komplizierter und aufwändiger wurde und am 24. Dezember nur 10 Prozent davon fertig war. Die ganze Familie ist nun auf das nächste Weihnachtsfest gespannt. Die Wette gilt, ob er es bis dann schafft.

Beim Bekämpfen des hinderlichen Perfektionismus geht es übrigens nicht darum, dass Sie sich schlampiges Arbeiten angewöhnen, sondern darum dass Sie sich selbst gestatten, auch mit nur 100 statt der üblichen 150 Prozent zufrieden zu sein. Vielleicht auch mal nur mit 80 oder 90 Prozent. Testen Sie selbst, wie perfektionistisch Sie sind. Was ist typisch für Sie?

- Delegieren kommt für mich nicht in Frage. Keiner beherrscht die Aufgabe so gut wie ich selbst.

- Ich bin bekannt für meine hohen Ansprüche an mich selbst und auch an andere.

- Ich bin selten zum vereinbarten Zeitpunkt mit meinen Arbeiten fertig.
- Ich kritisiere häufig Mitarbeiter und Kollegen.
- Meistens muss ich fertige Arbeiten noch einmal überarbeiten, bevor ich sie abgebe.

Auch beim Überdenken Ihrer Perfektions-Ansprüche werden Sie letztendlich das Verhalten ändern müssen, das Sie dazu gebracht hat. Und: Das Erlernen neuen Verhaltens, also das Ändern lieb gewonnener Gewohnheiten, ist nicht immer einfach, denn sonst hätten Sie es ja schon längst gemacht. Wenn Sie an der Verbesserung Ihrer Selbstdisziplin arbeiten möchten, setzen Sie Ihre Umgebung davon in Kenntnis. Sie sorgen damit dafür, dass es eine Kontrollinstanz gibt, die Ihnen gegebenenfalls auf die Finger schaut (und haut). Zugegeben, dies mag für manche eine unangenehme Vorstellung sein, vielen anderen hilft es jedoch.

Schreiben Sie einmal alle Argumente auf, die dafür sprechen, dass Sie Ihre Arbeiten zu einem festgesetzten Zeitpunkt beginnen und vergleichen Sie diese mit denen, die dagegen sprechen könnten. Wie sieht Ihre persönliche Bilanz aus? Welche Konsequenz ziehen Sie daraus? Was ändert sich für Sie positiv, wenn Sie ab sofort disziplinierter sind, was könnte sich negativ ändern?

Sind Sie auf dem richtigen Weg?

Wenn Ihnen die bisherigen Tipps kein Stück weitergeholfen haben, kann es daran liegen, dass Ihnen jegliche Motivation fehlt, den Job zu erledigen, mit dem Sie sich schon so lange herumquälen. Warum sollten Sie für ein Jurastudium lernen, wenn Sie doch eigentlich viel lieber Kunst studieren würden. Warum überhaupt für etwas lernen, wenn Sie lieber Handwerker geworden wären und sich statt mit Büchern lieber mit einem Stück Holz oder Metall beschäftigen? Warum sollen Sie in einem Beruf arbeiten, den Ihre Familie von Ihnen erwartet? Es kann also sein, dass dauerhaft fehlende Selbstdisziplin ein Signal dafür ist, dass Sie sich auf dem falschen beruflichen Weg befinden. Seien Sie ehrlich zu sich selbst und ziehen Sie unter Umständen drastische Konsequenzen, statt sich weiterzuquälen. Dauerhaft werden Sie in Ihrem Beruf nicht erfolgreich sein, wenn er Ihnen keinen Spaß macht.

Wissen Sie, wie diszipliniertes Arbeiten funktioniert?

Zergliedern Sie Ihre Jobs in kleine überschaubare Portionen. Beginnen Sie mit dem Schwierigsten, dann haben Sie es hinter sich. Manche sind erfolgreicher, wenn sie mit dem Leichtesten beginnen und schon ein kleines Erfolgserlebnis haben. Probieren Sie aus, was für Sie am Angenehmsten ist. Planen Sie auch Pausen ein, denn Konzentration über lange Zeiträume hinweg ist ohnehin nicht möglich. Schirmen Sie sich ab. Überlegen Sie, womit Sie sich selbst belohnen möchten, wenn Sie diszipliniert gearbeitet haben. Viel Erfolg beim Einüben der neuen Verhaltensweisen!

Schlagen Sie auch nach bei

→ Belastbarkeit und Stresskompetenz
→ Zielorientierung

Literaturhinweise

Münchhausen, Marco von. *So zähmen Sie Ihren inneren Schweinehund: Vom ärgsten Feind zum besten Freund.* Campus 2002

Rückert, Hans W. *Schluss mit dem ewigen Aufschieben: Wie Sie umsetzen, was Sie sich vornehmen.* Campus 2000

Sprenger, Reinhard K. *Die Entscheidung liegt bei dir: Wege aus der alltäglichen Unzufriedenheit.* Campus 1999

Küstenmacher, Werner T. / Seiwert, Lothar. *Simplify your life: Einfacher und glücklicher leben.* Campus 2001

Selbstmarketing

Sarah Albrecht war sauer. Das neue, anspruchsvolle Projekt war ihrem Kollegen anvertraut worden. Dem blöden Aufschneider, der seit Wochen schon um ihren gemeinsamen Chef herumwuselte und täglich mit ihm essen ging. „Ich seh´ schon, wie Du ihm noch die Aktentasche nach Hause trägst“, hatte sie neulich scherzhaft zu ihm gesagt und nur einen verwunderten Blick geerntet. Ausgestattet mit einem guten Abschlusszeugnis war sie der Meinung, dass man sie selbstverständlich bei interessanten Aufgaben einbeziehen würde. Das hatte sich als Fehleinschätzung herausgestellt, was sie maßlos ärgerte. Wozu die Paukerei, wenn einem dann die besten Jobs von solchen Pfeifen wie diesem Kollegen weggeschnappt werden, fragte sie sich verbittert. Und so richtig wütend wurde sie dann, als ihre beste Freundin ihr vorwarf, sie wäre selbst schuld daran, weil sie zu zurückhaltend sei. „Ja, soll ich mich denn aufdrängen? Mein Chef weiß doch, wie gut ich bin“, hatte sie ihr geantwortet. Offensichtlich wusste er es jedoch nicht. Sarah war zwar fachlich super; Öffentlichkeitsarbeit in eigener Sache war aber nicht ihr Ding. Noch nicht, denn sie begriff nun, dass dies offensichtlich zum Berufsleben gehört, zumindest dann, wenn man und frau Karriere machen möchte.

Geht es Ihnen auch so wie Sarah? Sie haben endlich einen Ihren Fähigkeiten und Neigungen entsprechenden Job gefunden oder arbeiten sogar schon einige Jahre im Unternehmen. „Selbstmarketing“, fragen Sie sich, „was soll das, das brauche ich nicht. Ich sitze hier fest im Sattel, mein Vorgesetzter steht voll hinter mir. Ich brauche hier keinem mehr etwas zu beweisen. Die wissen, dass ich gut bin.“ Irrtum! Sind Sie sicher, dass Ihr Vorgesetzter immer Ihr Vorgesetzter sein wird? Und der Geschäftsführer, der Sie eingestellt hat? Vielleicht wird er irgendwann einmal entlassen, weil die Konzernspitze es so will, oder er geht von selbst. Damit sind Ihr Fürsprecher und die für Sie wichtigen Kontakte weg vom Fenster. Und da Sie sich immer schön hinter

Ihren fachlichen Kompetenzen versteckt haben, kennt Sie auch keiner, der Sie weiterempfiehlt.

Was versteht man unter Selbstmarketing?

Bei Marketing geht es darum, sich von anderen Anbietern zu unterscheiden. Der Kauf eines Autos wird längst nicht mehr durch die Qualität entschieden. Die ist mittlerweile bei nahezu allen Auto-Marken gleich. Die Kaufentscheidung hat häufig etwas mit dem Service, mit den einzelnen Details und damit, wie das Auto vermarktet wird, zu tun. Ähnlich ist es bei der eigenen Person. Auch andere Mitarbeiter sind gut und an Arbeitskräften mangelt es ja seit Jahren nicht mehr. Es kommt deshalb umso mehr darauf an, die eigene Person und die eigenen Leistungen situationsadäquat ins rechte Licht zu setzen. Leistung wird erst dann zum Wert, wenn sie auch kommuniziert wird.

Vor Jahren las ich in einer Fachzeitschrift vom Werben um die „Marke ich“. Sie sind also Ihre eigene Marke. Selbstmarketing bedeutet also, selbst darüber zu bestimmen, wo ich meine Leistungen und meine Persönlichkeit positioniere. Zum Selbstmarketing gehört auch ein selbstbewusster Umgang mit Statussymbolen, womit ich hier Dienstwagen, größeres Büro und die „eigene“ Sekretärin meine. Gewiss nicht unbedingt Aspekte, die einen bereits beim Berufseintritt interessieren, mit denen man aber im Verlauf einer Karriere rechnen sollte. Vor allem Frauen tun sich schwer damit, Statussymbole zu akzeptieren. Nach dem Motto „das ist aber nicht nötig“ verzichten Sie auf einen Dienstwagen oder greifen gern freiwillig auf das kleinste oder auf das billigste Modell zurück. Und eine Sekretärin? Die braucht frau doch nicht. Das bisschen Tippen kann sie schließlich selbst erledigen. Auch wenn´s albern klingt (und im Grunde ist es albern): Nehmen Sie das Angebot für ein größeres Büro an, wenn es Ihrem Dienstgrad entspricht. In deutschen Banken weist übrigens auch noch die Qualität des Teppichbodens, die

Wahl des Mobiliars und die Zahl an Original-Gemälden, die im Raum hängen, auf den Status des Bewohners hin. Wer also soll Ihren Wert schätzen, wenn Sie selbst meinen, das Billigste sei gut genug für Sie?

Es gibt auch positive Beispiele für geglücktes Selbstmarketing: In der Vita einer Trainerkollegin las ich: „Von 1998 bis 2001 Geschäftsführung eines ökotrophologischen Kleinbetriebs." Ich sprach sie darauf an und erfuhr, was sich dahinter verbarg: Diese Kollegin hatte sich in den vergangenen Jahren vorrangig der Familie gewidmet und den Bau eines Eigenheims überwacht. Mit weniger Selbstbewusstsein hätte meine Kollegin vermutlich geschrieben: Nichtberufstätig oder Hausfrau und Mutter. Bemerkenswert war für mich hier die Selbstverständlichkeit mit der eine in der Öffentlichkeit wenig geschätzte Funktion neu definiert und bewertet wurde. Darüber hinaus wurde eine Tätigkeit, wie die Überwachung des Hausbaus als eigenständige Qualifikation benannt. Ein weiteres Beispiel: Die Ehefrau eines bekannten Managers verblüfft Journalisten und andere neugierige Menschen immer wieder, wenn sie ihre Visitenkarte verteilt. In großen Lettern und ganz selbstverständlich ist da zu lesen: Katrin Wolf, Hauptstr. 12, Hamburg-Blankenese, Hausfrau.

Was Sie für ein erfolgreiches Selbstmarketing benötigen:

- PR in eigener Sache ist nur möglich, wenn Sie auch von Ihrem Produkt, also von sich selbst, überzeugt sind. Wer sich selbst nicht leiden kann und nicht an sich glaubt, wird schwerlich andere von sich überzeugen.

- Sorgen Sie dafür, dass Sie Entscheidungsträgern im Unternehmen positiv auffallen. Gehen Sie wichtigen Menschen nicht aus dem Weg. Die Kantine ist beispielsweise ein Ort, an dem es sich gut mit anderen Kollegen kommunizieren lässt. Mal mit der einen oder anderen Abteilungsleiterin beim Essen einen zwanglosen Schwatz halten und dabei für sich selbst die Werbetrommel zu rühren à la „...habe zur Zeit so viel zu tun mit dem Projekt XY... “ schadet gewiss nicht.

- Dann und wann müssen Sie auch einmal „Hier“ rufen, wenn Sie fachlich noch nicht so weit sind. Risikofreudigkeit ist dann angesagt. Signalisieren Sie, dass Sie sich Dinge zutrauen, das ist häufig schon die halbe Miete.

- Sie brauchen Kenntnisse in Rhetorik und Präsentation, um Ihr Anliegen gekonnt an den Mann und an die Frau zu bringen.

- Auch wenn es Ihnen noch schwer fällt: Sie müssen sich von Ihrer Tendenz, bescheiden zu sein, verabschieden. Soll nicht heißen, dass Sie von nun an aufschneiden ohne Ende oder zum Blender werden. Aber: Der Spruch aus dem Poesiealbum „Bescheidenheit ist eine Zier“ gehört endgültig in die Mottenkiste.

- Stellen Sie Ihre Erfolge heraus, loben Sie sich ruhig das eine oder andere Mal selbst, wenn Ihnen etwas besonders gut gelungen ist, und sprechen Sie keineswegs davon, dass Sie Glück hatten oder es gar der Zufall so wollte. Nein, es geschah, weil Sie gut sind. Basta!

- Nutzen Sie die Gelegenheiten zu Selbst-PR bei Meetings. Bringen Sie sich und Ihre Ideen ein (Achtung: Verzichten Sie darauf, innovative Gedanken im Zweiergespräch zu verbreiten, denn es geschieht nicht selten, dass geschickte Kollegen diese dann als ihre eigenen verkaufen.) Achten Sie auf Ihre Wortwahl und verzichten Sie auf alle Unklarheiten und Ungenauigkeiten, Verniedlichungen, Entschuldigungen und Rechtfertigungen. Vermeiden Sie also alles, was Sie „klein“ macht.

- Sorgen Sie insgesamt dafür, dass Sie in Ihrer beruflichen Umgebung positiv auffallen.
- Kommen Sie aus Ihrem Schneckenhaus heraus. Übernehmen Sie auch Sonderaufgaben.
- Unterscheiden Sie sich von anderen, indem Sie nicht im Mainstream rudern, sondern auch eigene Wege für Lösungen suchen.

Wie steht es um Ihr Selbstmarketing?

Woran Sie feststellen können, dass es darum nicht zum Besten bestellt ist:

- Sie wurden von Ihrem Chef noch nicht oder nie zur Beförderung vorgeschlagen (Achtung: Kann allerdings auch dann vorkommen, wenn Ihr Chef keinesfalls auf Sie verzichten möchte.)
- Sie werden nicht um Rat oder um Ihre Meinung gefragt; man übergeht Sie in Besprechungen.
- Sie werden bei Besprechungen unterbrochen oder abgewürgt; man hört Ihnen nicht zu.
- Ihre Vorgesetzten sprechen nur das Nötigste mit Ihnen.
- Sie wissen gar nicht, was Ihr Chef von Ihnen hält.
- Die Kollegen suchen Ihre Nähe nicht.
- Sie kennen wenige Ansprechpartner in Ihrem beruflichen Umfeld.

► Es gratulieren Ihnen nur sehr wenig Leute in der Firma zum Geburtstag, weder aus der eigenen noch aus anderen Abteilungen.

Zur Selbst-PR und zur Selbstinszenierung gehören selbstverständlich auch ein entsprechendes Outfit und adäquates Benehmen.

Schlagen Sie auch nach bei

→ Benehmen und Outfit
→ Emotionale Intelligenz
→ Networking

Literaturhinweis

Asgodom, Sabine. *Eigenlob stimmt!* Econ 1999

Härter, Gitte / Ötte, Christine. *Ich-Marketing. Selbstbewusst zu mehr Erfolg. So rücken Sie Ihre Leistung ins rechte Licht.* Gräfe und Unzer 2002

Small-Talk-Fähigkeit

Wer nicht nur gute Umgangsformen hat, sondern auch die Kunst des Small Talks beherrscht, steigert seine Chancen, im Beruf erfolgreich zu sein. Sie glauben vielleicht, Small Talk sei nur etwas für Partylöwen oder Partyluder? Falsch gebrüllt, Löwe! Small Talk sollten Sie auch dann beherrschen, wenn Sie als ganz „normaler" Angestellter tätig sind. Erst durch die Fähigkeit zum Small Talk, werden Sie gesellschaftsfähig und sind in der Lage, durch das lockere, unangestrengte Knüpfen von Beziehungen sich selbst und Ihre Firma ins Gespräch zu bringen.

Was versteht man unter Small Talk?

Das kleine Gespräch, der Small Talk, ist die Kunst, zu reden und dabei eigentlich nichts zu sagen. Small Talk ist das Vehikel, das Ihnen dabei hilft, in ungewohnten Situationen oder auch umgeben von Fremden das Eis zu brechen, um danach eventuell auch weiterführende Gespräche zu haben. Bei Small Talk handelt es sich nicht primär um seichte Gespräche, bei denen nur dummes Zeug ausgetauscht wird. Small Talk dient der Kontaktaufnahme, bei der man einander abtastet. Er schafft vor allem eine angenehme Atmosphäre. Wie oft haben Sie schon bei der Fahrt im Lift rauf in den 20. Stock gedacht: „Wenn doch jetzt jemand etwas erzählen würde!" Mit Small Talk wären Sie miteinander ins Gespräch gekommen und das lähmende Schweigen, bei dem sich alle so unwohl fühlen, hätte nicht die Atmosphäre vergiftet. Bei Small Talk geht es auch darum, ein Gespräch in Gang zu halten. Man spielt sich Bälle zu, Monologe sind also auch tabu. Keiner dominiert den anderen. Verglichen mit den Franzosen, Engländern, Italienern und Amerikanern tun wir Deutschen uns mit Small Talk schwer. Es muss immer alles gehaltvoll sein, zum Nachdenken verhelfen, Inhalt haben und dann sitzen wir wie bei Vernissagen herum, langweilen uns zu Tode statt mit anderen Menschen lockere

Beziehungen anzubahnen. Ein guter Small-Talker ist humorvoll, charmant und entspannt. Esprit und Schlagfertigkeit sind das Sahnehäubchen seiner Gesprächsbeiträge. Ganz wichtig: Ein guter Small-Talker ist verschwiegen, denn Small Talk hat nichts mit Klatsch zu tun.

Wie funktioniert Small Talk?

Eigentlich können Sie größere Veranstaltungen, Parties und Events, bei denen Sie unter Fremden sind, nicht ausstehen. Am wohlsten fühlen Sie sich im engsten Freundeskreis, da gehen Sie aus sich heraus. Dummerweise erfordert Ihr Job, den Sie eigentlich lieben, dass Sie sich häufig zeigen und unter fremde Menschen mischen. Ihr Chef hat schon Ihr hölzernes Benehmen bei der letzten Messe kritisiert und Ihnen deutlich zu verstehen gegeben, dass er von Ihnen mehr Engagement erwartet. Leider fällt Ihnen nie das richtige Thema ein, mit dem Sie sich an fremde Menschen heranschleichen können. Dabei ist es gar nicht so schwer. Sie müssen nur ein paar Regeln beachten. Und dann kann‘s losgehen.

Beliebte Small-Talk-Gesprächspartner sind Menschen, die gute Laune ausstrahlen. Ein griesgrämiges Gesicht animiert andere nicht zur Kontaktaufnahme. Auch der richtige Abstand vom Gesprächspartner sorgt für Wohlfühl-Atmosphäre: Bei zu geringer Körperdistanz fühlen sich Menschen bedrängt. Nordeuropäer brauchen einen Abstand von mindestens 50 Zentimetern. Auch wenn Small-Talk-Gespräche nur kurz sind: Konzentrieren Sie sich auf Ihr Gegenüber und vermeiden Sie es, ihren Blick unruhig schweifen zu lassen. Wenn Sie das Gespräch beenden wollen, tun Sie dies höflich und mit Bedacht. Ein abrupter Abbruch irritiert ihr Gegenüber.

Auf diese Themen kommt es beim Small Talk an: Man spricht über Sport, Urlaub, Garten, Kunst, Literatur, Musik, Hausbau,

Wetter, kurzum, über „leichte“ Themen. Ungeeignet sind dagegen Geld, Sexualität, Politik, Religion, Krankheiten und gewagte Witze. Da Small Talk leicht verdaulich sein soll, ist es keine gute Idee, seine Meinung vehement zu vertreten. Auch geht es nicht um endgültige Wahrheiten und engagierte Überzeugungsarbeit. Sie müssen niemandem etwas verkaufen. Sollte sich ein Kontakt ergeben, der geschäftlich interessant ist, dann fassen Sie doch ein paar Tage nach dem Kennenlernen telefonisch nach und vereinbaren Sie einen Termin, bei dem Sie in aller Ruhe über Ihre Produkte oder Ihr Dienstleistungsangebot sprechen. Small Talk ist wirklich small: Fünf bis zehn Minuten genügen, dann können Sie sich voneinander verabschieden, ohne unhöflich zu sein.

Small Talk ist eigentlich überall möglich: im Hausflur, im Aufzug mit dem Geschäftsführer, bei einem Empfang, einem Geburtstagsfest oder einem Treffen Ihres Berufsverbandes. Wenn Sie eher gehemmt sind, bereiten Sie sich auf den nächsten Event vor. Denken Sie kurz darüber nach, was zum Beispiel gerade in Ihrer Branche oder in Ihrer Stadt diskutiert wird. Im Zweifelsfall kann auch das Wetter herhalten. Nehmen Sie sich vor, Ihr Thema anzusprechen. Vielleicht brauchen Sie das gar nicht und ein Gespräch ergibt sich auch so. Wenn nicht, dann gehören Sie ab sofort nicht mehr zu den Langweilern, die immer an der Wand entlang stehen und die anderen beglotzen.

Weil man aus Negativbeispielen auch lernt, will ich Ihnen von dem Fettnapf erzählen, in den eine Kollegin trat, weil sie die Regeln des Small Talk nicht beherzigte: Beim monatlichen Treffen ihres Netzwerkes in einem Hamburger Hotel stand sie vor Beginn eines Vortrages mit mehreren Damen zusammen. Es war der Tag, an dem Helmut Kohl sich zu Unregelmäßigkeiten bei der Entgegennahme von Spendengeldern bekannt hatte. Mit klammheimlicher Freude sprach sie (den Grünen nahe stehend) dieses Thema an. Sie ahnte nicht, dass sich eine CDU-Frau neben ihr befand, die natürlich sogleich einwarf, in ihrem Ortsverein habe man herzhaft darüber gelacht, was so alles kolportiert würde und man wäre sicher, dass es sich um eine Verwechslung handle. Meine Kollegin konnte sich beim nächsten Treffen einen Monat später nur mühsam zurückhalten, ihre Schadenfreude nicht zu zeigen. Wäre ihr das nicht geglückt, hätte Sie sich bei Ihrer Netzwerk-Bekanntschaft sicher endgültig unbeliebt gemacht.

Schlagen Sie auch nach bei

→ Benehmen und Outfit
→ Humorpotenzial
→ Networking
→ Schlagfertigkeit

Literaturhinweis

Hesse, Jürgen / Schrader, Hans-Christian. *Small Talk: Die Kunst des lockeren Gesprächs.* Eichborn 2001

Soziale Kompetenz

Unter der Überschrift „Manager entdecken ihre soziale Stärke“ war in der *Welt* vom 22. Juni 2002 Folgendes zu lesen: In einem ungewöhnlichen Projekt macht die Personalentwicklung der Deutschen Lufthansa AG ihre Führungskräfte für Managementaufgaben fit. Gemeinsam mit Jugendlichen eines sozialen Brennpunkts in Wiesbaden gingen 15 Lufthansa-Führungskräfte daran, einen Freizeittreffpunkt zu gestalten. Und es stellte sich heraus, dass „gute Taten“ im beschriebenen Sinne nicht nur das Image des jeweiligen Unternehmens sowie das Betriebsklima verbesserten, sondern auch in beträchtlichem Maße der sozialen Kompetenz der beteiligten Führungskräfte zugute kamen. Die fachliche Kompetenz in diesem eher ungewöhnlichen Projekt trat zurück, die Hierarchie wurde unbedeutend, und nur der Umgang der Teilnehmer miteinander wurde wichtig. In einem ähnlichen Projekt, das bereits 2001 in Hamburg erfolgreich gestartet wurde und sich „Seitenwechsel“ nennt, wurden die Grenzen zwischen Wirtschaft und sozialen Institutionen überschritten: Eine Woche lang arbeiteten Manager in sozialen Einrichtungen wie Drogenhilfe, Behindertenbetreuung oder Strafvollzug. Nutznießer waren dabei nicht nur die betreuten Menschen, sondern auch die Mitarbeiter, die bei ihren Vorgesetzten nach der Projektwoche eine deutlich gewachsene Sensibilität, einen differenzierteren Umgang und eine gestiegene Sozialkompetenz registrieren konnten.

Was versteht man unter sozialer Kompetenz?

Seit Jahren steht soziale Kompetenz an der Spitze der Liste der Wünsche, die Arbeitgeber an ihre Nachwuchs-Führungskräfte haben. Dies belegt auch die Studie „Personalmarketing für High Potentials“ der Unternehmensberatung Kienbaum aus dem Jahre 2002. Soziale Kompetenz ist demnach ein wichtiger Aspekt, der in Bewerbungsrunden (Assessment Center) geprüft wird.

Das Vorhandensein von sozialer Kompetenz ist also einerseits ein relevanter Faktor für die berufliche Karriere, zum anderen auch ein Modebegriff, der mannigfach interpretiert wird, und der, wie Kritiker meinen, auch deutlich überschätzt wird. Bei vergleichenden Untersuchungen erkannte man nämlich, dass das Vorhandensein von sozialer Kompetenz in einer Gruppe keinen wesentlichen Beitrag zur Lösungsfindung leistete. Kritisiert wird auch, dass bisweilen gar der Eindruck erweckt wird, als könne soziale Kompetenz die fachliche Kompetenz ersetzen. Der Begriff „soziale Kompetenz" wird vielfältig verwendet. Man schreibt diese Kompetenz Personen zu, die mit anderen Personen so umgehen, dass diese Beziehungen hochgradig positiv für beide Seiten sind. Sozial kompetente Menschen zeichnen sich dadurch aus, dass sie in der Lage sind, konstruktive Beziehungen – privat und im Berufsleben – aufzubauen und zu pflegen. Vor allem im Beruf geht es ihnen darum, gemeinsame Pläne und Ziele zu verwirklichen. Sie sind auch im Umgang mit schwierigen Menschen geschickt, besitzen die Fähigkeit respektvoll und angemessen auch bei Meinungsunterschieden zu reagieren und diplomatisch auf andere einzugehen. Sie haben die Begabung oder Fähigkeit, die Wünsche und Absichten anderer zu erkennen, bevor diese geäußert wurden. Sozial kompetente Menschen besitzen ein Verhaltensrepertoire, dass es ihnen ermöglicht, mit den verschiedensten Charakteren und Hierarchien angemessen umzugehen. Sie sprechen über ihre eigenen Gefühle, hören aktiv zu und senden Ich-Botschaften aus. Für mich vereint soziale Kompetenz wie ein Fächer ganz unterschiedlichste Fähigkeiten, die auch in diesem Buch beschrieben werden.

Worin besteht der Nutzen von sozialer Kompetenz?

Die Antwort erschließt sich unmittelbar aus den einzelnen Faktoren, die bei sozialer Kompetenz eine Rolle spielen. Überall da, wo ich mit Menschen zu tun habe, die ich beeinflussen möchte – seien es Mitarbeiter oder Vorgesetzte, aber auch natürlich Kunden, die mein Produkt kaufen sollen – benötige ich die Fähigkeit, mit diesen Menschen situationsadäquat umgehen zu können. Führungskräfte – so weiß man – sind beispielsweise 90 Prozent ihrer Zeit in Besprechungen mit Mitarbeitern und Vorgesetzten. Sie müssen sozial kompetent sein, sonst erreichen sie ihre Ziele nicht, oder sie müssen erst einmal gegen vorhandene Widerstände kämpfen. Was nützt es beispielsweise, wenn ich zwar das Innenleben und die Funktionsweise einer Digitalkamera kenne und erklären kann, aber nicht mitbekomme, dass mein Kunde dies überhaupt nicht versteht und vielmehr an Basisinformationen interessiert ist. Er wird dann enttäuscht das Geschäft verlassen und woanders einkaufen. Ich selbst habe zigmal erlebt, dass ich bei Problemen mit meinem Computer die Kundenhotline anrief und auf die Fragen nicht mit dem Technikvokabular antworten konnte, wie es gewünscht war. Mehr als einmal habe ich dabei erlebt, dass man nicht in der Lage war, mein Problem zu verstehen und äußerst ungehalten reagierte. Die Profis konnten sich nicht vorstellen, wie es auf der Anwenderseite aussieht und reagierten überheblich und ungeduldig. Ein eindeutiges Defizit auf Seiten der sozialen Kompetenz.

Wie wird man sozial kompetent?

In den sechziger Jahren gab es einen Hit von Siw Malmquist „Schwimmen lernt man im See, Schlitten fahren im Schnee...“ Angewendet auf die soziale Kompetenz bedeutet dies, dass nur im sozialen Miteinander bestimmte Kompetenzen erworben werden können. Und dafür spricht einiges, wenngleich es auch immer wieder Ansätze von Software-Herstellern gibt, die versuchen, Kurse zur sozialen Kompetenz auf eine CD-Rom zu packen: Statt sich tagelang in Seminarhotels die Zeit mit Menschen zu vertreiben, sitzt man lieber am heimischen PC, um dort programmiertes soziales Verhalten einzuüben. Das Gleiche gilt übrigens für neuartige Computersimulationen, bei denen man Teamfähigkeit am PC-Bildschirm erlernen können soll. Was auch dort fehlt, ist das interaktive Lernen, die Alltagsrealität. Meines Erachtens lässt sich soziale Kompetenz nur „vor Ort“ und mit anderen Menschen erlernen und nicht etwa in trauter Zweisamkeit mit dem PC. Aus meiner Tätigkeit als Trainerin und Verhaltenstherapeutin weiß ich, wie schwer es ist, Menschen zu motivieren, ihre soziale Kompetenz im Rollenspiel zu erproben. Da wird dann am liebsten stundenlang darüber diskutiert, wie mit Mitarbeitern Konfliktgespräche durchgeführt werden, anstatt dies im Rollenspiel auszuprobieren und sich von den anderen eine gezielte Rückmeldung zu holen. Manchmal muss man mit Engelszungen reden (wenn einem dies sinnvoll erscheint), bis die ersten Teilnehmer umknicken und sich „freiwillig“ melden. Hinterher wird dann gerade diese praktische Übung, als besonders lehrreich beschrieben. Autofahren lernt man auch nicht im Fernkurs oder am Telefon. Soziale Kompetenz erwirbt man durch Taten. Indem ich Dinge ausprobiere, die mir schwer fallen, anstatt diese zu vermeiden. Gerade Menschen mit sozialen Ängsten, denen es vermehrt an sozialer Kompetenz fehlt, finden übrigens bei verhaltenstherapeutisch-orientierten Psychologen gute Unterstützung.

Schlagen Sie auch nach bei

→ Emotionale Intelligenz
→ Empathie
→ Humorfähigkeit
→ Interkulturelle Kompetenz
→ Networking
→ Small-Talk-Fähigkeit

Literaturhinweise

Donnert, Rudolf. *Soziale Kompetenz: Praxiskompetenz für ein kooperatives Arbeitsklima.* Lexika 1999

Faix, Werner G. / Laier, Angelika. *Soziale Kompetenz: Wettbewerbsfaktor der Zukunft.* Gabler 1995

Kastner, Michael. *Erfolgreich mit sozialer Kompetenz: Das Programm für Menschen, die Verantwortung haben.* Herder Spektrum 2001

Teamfähigkeit

Teamfähigkeit ist mittlerweile eine der Schlüsselqualifikationen, die von fast jedem Mitarbeiter ausdrücklich gefordert wird. Laut Staufenbiel-Studie aus dem Jahre 2001 gehört Teamfähigkeit unangefochten zu den Eigenschaften, die die Einstellungschancen bei Hochschulabgängern deutlich verbessern. Die Zeitschrift *Bizz*, ein mittlerweile eingestelltes Wirtschaftsmagazin, vermeldete im November 2001, dass Teamplayer im Kommen seien, autoritäre Alleinherrscher ausgedient hätten und die nachwachsenden Topkräfte der Wirtschaftselite nicht länger als Einzelkämpfer agieren wollten. Im Gegenteil – ihre Abneigung gegen Hierarchien und bürokratische Strukturen würden die neuen Chefs durch Einbeziehung der Mitarbeiter dokumentieren. Teamarbeit und Teamfähigkeit ist jedoch nicht nur ein Thema im Leitungsbereich. In der Industrie (vorbildlich ist hier die Autoindustrie), genauer im Bereich der Produktion, wurden durch die Einführung von Teamarbeit bis zu 40 Prozent Kostenersparnis verzeichnet. Von daher ist Teamarbeit hier oberstes Gebot. Grund genug, sich ausführlicher damit zu befassen, was es mit der Teamfähigkeit auf sich hat.

Was versteht man unter Teamfähigkeit?

Während Unternehmen und Verwaltungen vollmundig nach teamorientierten Bewerbern suchen, ist vielen gar nicht klar, was das überhaupt ist. Zumindest erweckt der Umgang mit der viel beschworenen Teamfähigkeit in den Unternehmen diesen Eindruck. Hier zunächst ein paar Erläuterungen dazu, was man überhaupt unter einem „Team“ versteht: Ein Team besteht aus einer überschaubaren Anzahl von circa fünf bis fünfzehn Personen, deren Fähigkeiten sich ergänzen (sollten), die über eine bestimmte Zeit zusammenarbeiten und die in gegenseitiger Abhängigkeit ohne Unterordnungsverhältnis stehen. Man verfolgt ein gemeinsames Ziel. Bei einem Besuch in einem

Karstadtkaufhaus fiel mir der Button der Kassiererin auf: „Team Wandsbek" war darauf zu lesen. Da davon auszugehen ist, dass das Kaufhaus Karstadt in Hamburg-Wandsbek mehr als 15 Personen beschäftigt, ist der Gebrauch von „Team" in diesem Fall streng genommen nicht korrekt. Sicher hat die Geschäftsleitung mit der Bezeichnung jedoch ein lobenswertes Ziel verfolgt, nämlich den Mitarbeitern ein Zusammengehörigkeitsgefühl zu vermitteln und zu suggerieren, dass alle sich geborgen und sicher fühlen dürfen.

Wer ein stabiles Team bilden möchte, sollte verschiedene Aspekte beachten:

- Die Aufgaben müssen klar verteilt sein.
- Es muss messbare Zielvorgaben geben.
- Die Beziehungen der Teammitglieder sollten konfliktarm sein.
- Die Rollen müssen sinnvoll verteilt werden.
- Es müssen eindeutige Vereinbarungen getroffen werden.

Gerade in flachen Hierarchien ist Teamfähigkeit erforderlich, was nicht heißt, dass Durchsetzungsvermögen dabei unerwünscht ist. Die Mitglieder eines guten Teams lernen voneinander und stehen nicht in Konkurrenz zueinander. Als teamfähig gilt, wer nicht nur effektiv im Team arbeiten kann, sondern seine ganze Denk- und Arbeitsweise am Teamgeist, am Miteinander mit den Kollegen ausrichtet. Das Miteinander steht im Vordergrund. Einzelkämpfer, die ungern Lösungen gemeinsam entwickeln oder sich schwer tun, Aufgaben im Zusammenspiel mit anderen zu erfüllen, sind nicht teamfähig.

Ob Unternehmen die Etablierung von Teams allerdings wirklich ernst nehmen, kann man dann erkennen, wenn es darum geht, in Teams zu investieren. Und damit sind Zeit und Geld gemeint. Nimmt man sich die Zeit, die Mitglieder eines Teams nicht nur nach sich ergänzenden Fähigkeiten, sondern auch aufgrund ihrer Arbeitsweise und Kommunikationsfähigkeit zusammen zu bringen? Ein Team, das nur aus kreativen Köpfen besteht, ist gefährdet, so etwas Banales wie einen Zeitrahmen nicht einzuhalten. Da bedarf es schon auch einiger „Buchhalterseelen", die es auf sich nehmen, auf Terminvorgaben zu achten. Eine andere wichtige Komponente bei der Etablierung eines Teams ist die personelle Zusammensetzung in Bezug auf Charakter und Persönlichkeitsprofil. Würfelt man einzelne Abteilungen wahllos durcheinander, ohne auf die Chemie zwischen den Mitarbeitern zu achten, oder macht man sich die Mühe ein Team mittels gezielter Auswahlverfahren oder nach ausführlicher Befragung und Diskussion zusammenzustellen? Gibt es gemeinsame Einstimmungs-Veranstaltungen im Sinne der Teamentwicklung, um den Start zu inszenieren? Nicht alle Veranstaltungen, die Teamentwicklung versprechen, halten dies auch. Während bei so genannten Outdoor-Trainings, bei denen verschiedene zum Teil recht schwierige Aufgaben gelöst werden müssen, die wirklich nur in kooperativem Einvernehmen gelingen können, Teamentwicklung stattfindet, versprechen „Feuer- und Scherbenlaufen" anfänglich eine enorme Wirkung auf die Teamentwicklung. Diese ist jedoch bereits dann verpufft, wenn es die erste Meinungsverschiedenheit nach der Rückkehr an den Arbeitsplatz gibt. Also aufgepasst!

Moderne Teams haben einen Teil der alten Führungsaufgaben übernommen. Sie planen beispielsweise ihre Ziele selbst, legen die Budgetmittel fest und bestimmen den Schulungsbedarf. Über welche Kompetenzen verfügen die Teams, die Sie kennen, oder in denen Sie arbeiten? Ein Coaching-Klient von mir berichtete vor Jahren ganz stolz von seinem Team. Anfänglich hörte sich auch alles erfreulich an. Nach den ersten 100 Tagen zeigte sich der wahre Kern des „Teams“, beziehungsweise, was die ahnungslose Geschäftsleitung darunter verstand. Es gab kein Budget. Für jeden Bleistift musste ein Antrag gestellt werden. Neue Teammitglieder wurden ohne Rücksprache mit dem Team eingestellt und dem vorhandenen Team, das gerade in der Entwicklung war, untergejubelt. Zu guter Letzt wurde ein Teammitglied Leiter der Abteilung und bekam Prokura. Das Interesse, sich noch einmal in ein Team einzubringen, war damit bei allen gleich null. Der Erfolg dieses „Teams“ war logischerweise spärlich. Übrigens: Teamgedanke und Top-Ebene schließen sich weitestgehend aus, denn „oben“ sind Entschluss- und Entscheidungsstärke gefragt , die normalerweise keine langen Debatten zulassen. Top-Führungskräfte sind zudem häufig Einzelkämpfer, die nicht Willens sind, hinter ein Team zurückzutreten.

Kann man Teamfähigkeit erlernen?

Es gibt hier wie in vielen anderen Bereichen der Soft Skills Menschen, die über eine natürliche Begabung für Teamarbeit verfügen. Sie wurden durch Erziehung und Familienleben schon in frühen Jahren daran gewöhnt, mit anderen (Geschwistern) gemeinsam zu Ergebnissen zu kommen und an einem Strang zu ziehen. Andere haben im Berufsleben Erfahrung mit Teamarbeit gemacht und gelernt, ihr Verhalten diesbezüglich zu ändern. Universitäts- oder Fachhochschulabschlüsse sind kein Garant dafür, dass deren Absolventen auch teamfähig sind. Und wenn die Nachricht aus der *Zeit* vom 14. Februar 2002 stimmt, dann sollen gerade die bundesdeutschen Gymnasiallehrer jene Lehrergruppe sein, die sich resistent gegenüber pädagogischer Teamarbeit erweist. Wie sollen Schüler dann lernen, was Teamarbeit ist? Die meisten Schüler werden folglich zum Einzelkämpfer ausgebildet, müssen sich aber im Arbeitsalltag in Teamarbeit beweisen und nach allen Seiten kommunizieren.

Wenn Sie also bislang wenig Möglichkeiten hatten, Ihre eigene Teamfähigkeit zu schulen, sollten Sie sich bewusst Situationen aussetzen, in denen im Team gearbeitet wird. Das können zum einen Lern- und Arbeitsgruppen während der Ausbildung sein, aber auch jede Form von Mitwirkung in einem Projekt. Zum anderen bietet die Mitgliedschaft in einem Verein und insbesondere die Mitwirkung im Vorstand die Möglichkeit, sozusagen „im Schonraum" Teamqualifikationen zu lernen. Mit anderen zusammen verfolgen Sie die Vereinsziele, übernehmen Verantwortung und können voneinander lernen. Bemühen Sie sich um ehrliche und offene Kommunikation, lernen Sie vor allem auch mit Kritik (kritisieren und kritisiert werden) umzugehen. Reden Sie mit Ihren Kollegen statt über sie.

Ob Sie teamfähig sind oder nicht, spielt im Bewerbungsgespräch natürlich aufgrund der hohen Bedeutung dieser Fähigkeit eine wichtige Rolle. Wenn Sie schlauerweise mit „Ja" geantwortet haben, sollten Sie diese Behauptung natürlich mit Beispielen untermauern können. Auch als Berufsanfänger ohne größere Berufserfahrung können Sie mit Beispielen aus dem Freizeitbereich argumentieren (Vereine, Lerngruppen, Schachclub, Fachschaftsarbeit, Jugendvertretung). Wenn Sie bei der Frage nach Ihrem Hobby allerdings nur Lesen, Kino, Radfahren und Musik hören angeben, wird man Sie eventuell als nicht-teamfähigen Eigenbrötler abstempeln. Mit Mannschaftssportarten hingegen zeigen Sie Ihre Teamstärken. Aber bitte hier keine Sportarten bemühen, die Sie nicht wirklich ausüben. Welche Erfahrungen Sie bislang mit Teams gemacht haben, ist auch von großem Interesse. Es kommt bei dieser Frage übrigens nicht darauf an, dass sie von Ihren großen Erfolgen berichten. Gerade die Auswertung von schlechten Erfahrungen und Fehlschlägen lässt Rückschlüsse darauf zu, wie Sie sich in Krisen verhalten und welche Konsequenzen Sie daraus für die Teamarbeit ziehen.

Was ist zu tun, wenn Sie in ein bestehendes Team kommen?

Sie und Ihre neuen Kollegen müssen auf jeden Fall wissen, dass sich die Dynamik ändert, sobald Sie auftauchen. Dies gilt auch dann, wenn das Team Sie persönlich auserkoren hat. Die Karten werden sozusagen neu gemischt. Koalitionen zerbrechen, andere entstehen neu. Das Teamgleichgewicht wird gestört und muss erst wieder neu ausbalanciert werden. Es kann sein, dass sich die Stimmung negativ, aber auch positiv verändert. In einem guten Team weiß man das. Ein gutes Team sorgt überdies von sich aus für Ihre Integration. In einem schlechten Team werden Sie nicht wahrgenommen. Keiner fühlt sich für Ihre Einarbeitung zuständig, und wenn Sie noch mehr Pech haben, werden sie mittelfristig wieder hinausgemobbt. Eine Hamburger Versicherungsmanagerin hat seit Jahren beste Erfahrungen damit gemacht, bei Teamgründungen oder nachhaltigen Veränderungen in einem Team eine Art Team-Coaching zu veranstalten, bei dem alle Fragen und Probleme auf den Tisch kommen, die irgendwann einmal die Zusammenarbeit stören könnten. Das Team gibt sich Regeln für das Miteinander. Es wird verabredet, wie man mit definierten Problemen umgehen will und was passiert, wenn gegen Regeln verstoßen wird. Die Erfahrungen aus den Teams sind durchaus positiv.

Wenn Sie also ein Team neu betreten und es kommt zu den geschilderten negativen Effekten, bitten Sie um ein Team-Coaching. Die Art, wie mit dieser Bitte umgegangen wird, ist dann übrigens ein weiteres Zeichen dafür, ob es sich bei dem Team an Ihrem Arbeitsplatz um ein echtes Team handelt oder ob Ihr Arbeitgeber Etikettenschwindel betreibt. Bitten Sie um einen Paten oder eine Patin, von der Sie in die ungeschriebenen Gesetze und Regeln des Teams eingeführt werden. Lassen Sie sich nicht fertig machen, wenn man Ihnen vorwirft, ein gut funktionierendes Team zu zerstören. Gute Teams sind in der Lage, neue Mitglieder zu integrieren. Wenn Sie tatsächlich stören, dann knirschte es bereits vorher und man ist jetzt froh, in Ihnen einen Sündenbock gefunden zu haben.

Hat die Liebe einen Platz im Team?

Über „Liebe am Arbeitsplatz“ wurde bereits viel geschrieben. Nahezu jede Illustrierte hatte das Thema schon einmal als wettbewerbsfördernden Aufmacher. Und natürlich kennt es auch die Autorin aus eigener Anschauung. Der Arbeitsplatz ist statistisch betrachtet wohl der Ort, an dem sich die meisten Paare kennen lernen. Und häufig, das ist das Gute daran, nicht nur mit dem Schönwettergesicht, sondern unter Stressbedingungen. Man weiß also besser, auf wen man sich einlässt, als wenn es sich um eine Disco- oder Kneipen-Bekanntschaft handelt.

Eine Paarbildung im Team ist für die Betroffenen zuerst einmal der Himmel auf Erden, denn wo hat man schon die Möglichkeit, seinen Partner oder seine Partnerin so häufig zu sehen? Von einem Motivationssschub beflügelt, geht´s morgens zur Arbeit, man kann gar nicht früh genug da sein. Ein Team als Zusammenschluss von Menschen, die eng miteinander arbeiten und an einem Strang ziehend Ziele erreichen sollen, muss sich dadurch auszeichnen, dass die Zusammenarbeit von Vertrauen und Offenheit geprägt ist. Klar also, dass es hier knistert, aber auch krachen kann. Und was dann? Was tun, wenn das Teampärchen sich verkracht hat und alle darunter leiden? Für den Fall sollten Sie ein Szenariopaket entwickelt haben, das genau diesen Fall regelt. Natürlich sollte es Ihnen überlassen sein, wo Sie sich Ihre Lebenspartner suchen. Wichtig erscheint mir hier jedoch der Hinweis, dass der Arbeitsplatz und das Team einerseits und Ihre Beziehung andererseits getrennt zu sehen sind. Sie sollten Berufliches und Privates nicht miteinander vermischen, vor allem dann, wenn es Beziehungsknatsch gibt – den sollten sie auf keinen Fall vor ihren Kollegen austragen. Wem es schwer fällt, seine Gefühle soweit zu kontrollieren, sollte um

Versetzung in eine andere Abteilung bitten. Denn auch das ist ein Zeichen ihres Teamgeistes.

Hilfreich für das Miteinander im Team sind Verhaltens-, Kooperations- und Kommunikations-Regeln, die miteinander erarbeitet werden und teamspezifisch sind. Sie leiten sich von Fragestellungen ab, die im Team auftauchen können. Hier einige Beispiele:

- Welche Konflikte gibt es bereits, welche können noch kommen?
- Wie gehen wir miteinander bei Konflikten um?
- Was machen wir, wenn sich Veränderungen im Team ergeben?
- Wie verhalten wir uns bei konträren Meinungen im Team?
- Was geschieht, wenn die Regeln nicht eingehalten werden?

Wichtig ist, dass sich alle Teammitglieder in die Erarbeitung der Regeln einbringen. Denn es müssen auch alle dahinter stehen, da es sich hier um eine Willenserklärung des Teams handelt. Um das Ganze komplett zu machen, wird diese Erklärung vom gesamten Team unterschrieben.

Muss man Teamplayer sein?

Machen wir uns nichts vor: Man kann nicht aus jedem Mitarbeiter zeitgeistkonform einen Teamplayer machen. Nicht jeder läuft im Team zur Hochform auf und nicht jedem liegt es, sich dem Teamgeist unterzuordnen. Sollten Sie feststellen, dass Sie in ihrem bisherigen Leben gut klargekommen sind, ohne sich im Team zu bewegen, stehen Sie dazu. Machen Sie das Beste daraus. Suchen Sie sich den Job, der am besten zu Ihnen passt, bevor Sie sich im Team verbiegen. Wenn Sie unsicher sind, ob Teamarbeit Ihnen liegt oder nicht, helfen die folgenden Fragen sicher weiter:

- Sind Sie in der Lage, sich einzuordnen? Oder ziehen Sie es vor, Einzelkämpfer zu sein?
- Haben Sie sich in der Schule oder dem Studium allein auf Prüfungen vorbereitet?
- Wie bewerten Sie Ihre bisherigen Teamerfahrungen?
- Denken Sie auch darüber nach, womit Sie Ihren Kollegen eine Freude machen können und wie Sie anderen unter die Arme greifen können?
- Können Sie sich vorstellen, für andere im Team Verantwortung zu übernehmen, oder gar Teamsprecher zu sein?
- Neigen Sie bei Teamkonflikten zum Polarisieren oder zum Integrieren?
- Beziehen Sie andere gern in Entscheidungen ein oder bevorzugen Sie einsame Entscheidungen?
- Geben Sie Wissen und Können gern weiter und nehmen Sie auch von anderen etwas an?
- Handeln Sie mit Informationen, die andere brauchen oder horten Sie diese lieber?

Schlagen Sie auch nach bei

→ Interkulturelle Kompetenz
→ Kritikfähigkeit

Literaturhinweis

Haug, Christoph V. *Erfolgreich im Team: Praxisnahe Anregungen und Hilfestellungen für effiziente Zusammenarbeit.* dtv 1998

Unternehmerische Kompetenz

Angesichts der Lage auf dem Arbeitsmarkt steht manch einer vor der Entscheidung, arbeitslos zu bleiben oder sich selbstständig zu machen. Je nach Beruf ist dies durchaus eine überlegenswerte Alternative, denn nach einer Studie des Instituts für Mittelstandsforschung stehen in den nächsten Jahren rund 360 000 mittelständische Unternehmen vor einer Nachfolgeregelung. Die Gründerväter der Nachkriegszeit müssen wichtige Entscheidungen darüber treffen, wohin die Reise ihres Unternehmen gehen soll. Viele werden schmerzlich feststellen, dass die Nachkommen nicht über die unternehmerischen Fähigkeiten oder die Lust am Unternehmertum verfügen, die zum Erhalt der Firmen nötig sind. Es werden also Hände ringend potenzielle Nachfolger gesucht. Der Wunsch nach einem eigenen Unternehmen ist jedoch die eine Seite. Die Fähigkeit, selbst Unternehmer zu sein, ist die andere. Auch Menschen, die bereits unternehmerisch tätig sind, begreifen häufig erst nach einiger Zeit, was es wirklich bedeutet, eine Existenz gegründet zu haben und an der Spitze eines Unternehmens zu stehen.

Ich war zu einer Podiumsdiskussion über familiäre Nachfolgeregelungen in Unternehmen eingeladen und sollte in diesem Zusammenhang auf die psychodynamischen Konflikte innerhalb der Familien eingehen. Ein niedergelassener Arzt konsultierte mich nach dieser Veranstaltung. Er berichtete mir über die verfahrene Situation seiner Gemeinschaftspraxis, die er mit einer Arztkollegin führte. Zu der Partnerschaft war es gekommen, weil er die Verantwortung für sein Unternehmen mit jemand teilen wollte und zudem fachlichen Austausch suchte. Nun stellte er nach wenigen Monaten fest, dass seine Kollegin keine Ambitionen hatte, sich unternehmerisch zu beweisen. Sie wollte zwar keinen Chef mehr haben, die Verantwortung für die eigene Praxis wollte sie jedoch offensichtlich auch nicht tragen. Bei einem Besuch des gemeinsamen Steuerberaters zeigte sie sich höchst uninteressiert. Zu organisatorischen Fragen der Praxis hielt sie sich bedeckt. Sie verblüffte ihren Praxispartner völlig, als sie kleinlich ihre „Überstunden" aufschrieb, und für den Bereitschaftsdienst über Weihnachten fühlte sie sich natürlich auch nicht zuständig. Sie hatte offensichtlich keine unternehmerische Kompetenz, wohl aber immer noch eine ausgeprägte Angestelltenmentalität.

Was versteht man unter unternehmerischer Kompetenz?

Was Existenzgründer und damit Unternehmer erfolgreich macht, wurde in einer Untersuchung der Universität Jena erforscht. Ausführliche Interviews mit in Ostdeutschland ansässigen Firmengründern erbrachten unter anderem folgende Eigenschaften als Voraussetzung für den unternehmerischen Erfolg: extravertiert, risikofreudig, engagiert, kreativ, neugierig, emotional stabil. Je früher nach dieser Untersuchung Führungsstärke, Durchsetzungsfähigkeit, Leistungsorientierung und Selbstbewusstsein gezeigt wurden (beispielsweise in jungen Jahren als Klassensprecher), um so früher und erfolgreicher entwickelten sich auch unternehmerische Aktivitäten. Ein moderat strenger, freundlicher aber auch durchaus kontrollierender Erziehungsstil der Eltern legte überdies die Basis dafür.

Unternehmerische Kompetenz ist natürlich auch eine Eigenschaft, die von Jungmanagern erwartet wird. Erfolgreiche junge Spitzenkräfte zeichnen sich durch eine optimistische Grundeinstellung aus, begleitet von einem ausgeprägten Selbstvertrauen, großer Zielstrebigkeit und dem Willen, Einfluss zu nehmen. Mit langem Atem werden langfristige Ziele zuungunsten eines schnellen Erfolgserlebnisses angepackt, wobei man das Heft nicht gern aus der Hand gibt.

Je mehr eine junge Führungskraft über die besprochenen Faktoren verfügt, umso größer ist allerdings auch hier die Gefahr für die Vorgesetzten, dass ein Angestelltendasein auf Dauer nicht akzeptiert wird. Vor allen Dingen dann nicht, wenn durch Vorgesetzte gebremst und kontrolliert wird. Arbeitgeber mit Weitblick sorgen deshalb auch dafür, dass für die jungen Talente die entsprechenden Rahmenbedingungen geschaffen werden (eigene Projekte, Entscheidungsspielraum, Führungsverantwortung), damit sie ihr Potenzial entwickeln können.

Verfügen Sie über unternehmerisches Potenzial?

In welchem Maße sind die folgenden Fähigkeiten typisch für Sie? Gehen Sie die Liste selbstkritisch durch und besprechen Sie das Ergebnis mit Ihrem Partner oder Ihrer Partnerin, guten Freunden und Fachleuten, bevor Sie den Schritt in die Selbstständigkeit wagen.

- Belastbarkeit: Sind Sie körperlich und seelisch in guter Verfassung? Kennen Sie Ihre Stressoren und behalten Sie bei Stress den Überblick? Verfügen Sie über Entlastungsstrategien?

- Kommunikationsfähigkeit: Kommen Sie mit anderen Menschen schnell ins Gespräch und sind Sie in der Lage, Small Talk zu führen? Können Sie mit schwierigen Menschen gut umgehen?

- Sicherheitsbedürfnis: Ertragen Sie ein hohes Maß an Unsicherheit oder bevorzugen Sie klare Situationen mit vorhersehbarem Ausgang? Können Sie damit leben, nicht an jedem Monatsersten einen festen Betrag auf Ihrem Konto vorzufinden?

- Eigenverantwortung: Können Sie sich selbst Ziele setzen und sich selbst motivieren? Verfügen sie über Durchhaltevermögen? Sind Sie in der Lage, Ihren Tag gut zu strukturieren?

- Selbstmarketing: Verfügen Sie über umfangreiche berufliche und private Kontakte oder Netzwerke? Können Sie sich und Ihre Produkte gut verkaufen? Liegt Ihnen der öffentliche Auftritt?

- Wie steht Ihre Familie zu Ihren Plänen? Wie kann sie Ihnen Unterstützung beim Aufbau oder bei einer Krise geben? Wie wird sich Ihre Familie verhalten, wenn Sie häufiger unterwegs sind? Wie kommen Sie selbst damit klar, wenn Sie weniger Zeit für Ihre Familie haben? Gibt es in Krisenfällen außerfamiliäre Unterstützer?

Bevor Sie sich selbstständig machen, müssen natürlich auch die finanziellen und betriebswirtschaftlichen Voraussetzungen geklärt werden. Hier bieten Banken und speziell orientierte Berater ihre Dienste an. Am besten lassen Sie sich jemand empfehlen!

Schlagen Sie auch nach bei

→ Fehlerkompetenz
→ Führungskompetenz
→ Krisenkompetenz
→ Networking
→ Selbstmarketing
→ Small-Talk-Fähigkeit
→ Veränderungskompetenz

Literaturhinweis

Siefer, Thomas. *Du kommst später mal in die Firma: Psychosoziale Dynamik von Familienunternehmen.* Auer-Systeme 1996

Veränderungskompetenz

Eine der größten Veränderungen, die Europa zu bewältigen hatte, war gewiss die Einführung des Euro. Erinnern Sie sich noch, wie es Ihnen dabei ging? Gehörten Sie zu denjenigen, die es davor grauste? Freuten Sie sich darauf, oder war es Ihnen schlicht egal nach dem Motto: „Die da oben machen sowieso was Sie wollen, was soll ich mich da aufregen." Wie auch immer Ihre Reaktion darauf war, Sie mussten mit dieser Veränderung umgehen, ob Sie wollten oder nicht.

Veränderungen finden immer und überall statt. Die Aussage „Nichts ist so beständig wie der Wandel!" (Der Urheber dieser kleinen Weisheit ist leider unbekannt) gibt bereits auch einen Hinweis darauf, dass die Mühe sich dem Wandel in den Weg zu stellen, nicht lohnen wird. Die Jahreszeiten wechseln, was sich in der Natur deutlich bemerkbar macht und es gibt einen Rhythmus von Tag und Nacht. Was das Berufsleben angeht, so wird bereits seit Jahren von Arbeitsmarktforschern beobachtet, dass nur noch wenige Menschen heute in den Berufen tätig sind, die sie vor 20 oder 30 Jahren einmal gelernt haben. Heutzutage üben die meisten Menschen im Laufe ihrer beruflichen Karriere mehrere Berufe aus, weil die erlernten Berufe den gesellschaftlichen Veränderungen zum Opfer gefallen sind. Wer dann am Althergebrachten kleben bleibt und nicht veränderungsbereit ist, muss stempeln gehen.

Was versteht man unter Veränderungskompetenz?

Dazu gehören Flexibilität, Offenheit, Risikobereitschaft und die Bereitschaft, aus Fehlern zu lernen sowie nicht zuletzt Neugier und Optimismus mit dem offenen Blick in die Zukunft. Killerphrasen wie „das haben wir doch noch nie so gemacht" oder „das schaffe ich nie" sind dabei verpönt. Stattdessen heißt es dann: „Mal sehen, wie´s geht. Ich versuch´s einmal."

Veränderungskompetenz bedeutet nicht, Veränderungen um ihrer selbst willen gutzuheißen. Nur weil etwas modern ist, muss es ja nicht richtig sein. Der kritische Blick auf den Nutzen einer Veränderung bleibt stets vorhanden. Und: Veränderungsbereite und -kompetente Menschen klagen nicht jahrelang über ihren Chef und/oder die Arbeitsstelle. Wenn sie feststellen, dass sie ihre Umgebung nicht verändern können, verändern sie sich und suchen einen neuen Arbeitsplatz, anstatt sich das Leben zu vermiesen.

Ein schönes Beispiel für Veränderungskompetenz: Ich war am ersten Januar 2002 zu einem Neujahrsbrunch eingeladen und kam mit meinem Tischnachbarn über die neue Währung ins Gespräch. Dabei erwähnte ich, dass ich meine 86-jährige Mutter noch über den Wert des Euro informieren wollte. Mein Nachbar, der als Geschäftsmann bereits im alten Jahr über größere Mengen von Euro-Münzen und -scheinen verfügt hatte, erzählte dann die rührende Geschichte, wie seine betagten Eltern, beide immerhin 89, sich mit dem neuen Geld vertraut gemacht hatten. Die alten Herrschaften übten seit einigen Tagen heftig, mit Euros zu bezahlen. Einer nannte einen Preis und der/die andere suchte sich die entsprechenden Münzen und Scheine aus. Hinterher prüften beide, ob die Richtigen ausgewählt worden waren. Ich weiß nicht, wie das Paar ursprünglich zum Euro stand. Für mich machte dieses Beispiel jedoch zum einen deutlich, dass Veränderungskompetenz unabhängig vom Alter ist und zum anderen, wie man unabänderlichen Neuerungen kompetent und verantwortungsvoll begegnen kann: nicht lamentieren und den Verlust der Mark beklagen, sondern anpacken und das Beste daraus machen.

Weshalb scheitern Veränderungsprojekte in Unternehmen so häufig?

Wolfgang Joop, der schrille, dennoch unternehmerisch erfolgreiche Designer dazu: „Angst vor Veränderungen ist der größte

Dämon in diesem Land“ Nach McKinsey scheitern circa 70 Prozent der Veränderungsprogramme in Unternehmen. Aufwändige und teure Veränderungsmaßnahmen erwiesen sich schon nach kurzer Zeit als Flop, was einerseits für die Unternehmen den Verlust an gewünschten Verbesserungen bedeutet, andererseits auch negative Spuren (Demotivation, Resignation oder innere Kündigung) bei den Mitarbeitern hinterlasse. Es gibt jedoch viele Gründe dafür, dass Unternehmen sich verändern müssen, allein um ihr Überleben zu sichern:

- Wenn Firmen fusionieren, müssen Prozesse in Gang gesetzt werden, die verschiedene Unternehmenskulturen einander anpassen.

- Wenn Verbraucherwünsche sich ändern, müssen Produktpaletten geändert und neue Produktionszweige eröffnet werden.

- Wenn sich die Größe eines Unternehmens ändert, werden Abteilungen zusammengelegt oder neue Abteilungen aufgebaut. Es entstehen neue Strukturen.

- Wenn neue Geschäftsleitungen eingesetzt werden, ändern sich der Führungsstil, die Unternehmensziele und auch die Strategien.

Jede Veränderung bedeutet für den Einzelnen die Aufgabe einer Sicherheit, den Verlust von Vertrautem und letztlich die Möglichkeit des Scheiterns. Die Angst davor, unter veränderten Bedingungen etwas falsch zu machen, ist verständlich. Die Folge ist Widerstand gegen Veränderungen. Dies gilt für Mitarbeiter aller Hierarchieebenen. In der Regel beginnt der Fisch jedoch am Kopf zu stinken, denn nicht allein die Mitarbeiter tun sich schwer mit Neuerungen. Nach einer Studie der Akademie Bad Harzburg aus dem Jahre 1998 nehmen Manager sich keine Zeit, innovative Ideen reifen zu lassen oder sie geben ihren

Mitarbeitern keine Zeit dafür. Als weitere Gründe für fehlende Veränderungsbereitschaft wurde aufgeführt:

- Mitarbeiter fühlen sich für die Entwicklung von Neuerungen zu wenig verantwortlich.
- Innovative Vorschläge werden zu langsam in die Tat umgesetzt.
- Für innovative Arbeiten stellen die Unternehmensleitungen zu wenig Ressourcen zur Verfügung.
- Kreativitätstechniken werden nur zögerlich praktiziert.
- Es gibt keine mitreißenden, lohnenswerten Ziele.
- Das Neue wird nicht in der Kultur verankert.
- Hürden werden nicht weggeräumt.
- Veränderungen sind nicht wirklich gewollt.
- Wichtige Personen sind nicht vernetzt.

Während die Führungskräfte die Gründe für fehlende Veränderungsbereitschaft und Innovationsblockaden mehr außerhalb ihrer Person sahen, beurteilten ihre direkt unterstellten Mitarbeiter dies kritischer. Sie fühlen sich zu wenig ernst genommen, beklagten gar fehlende Förderung. Ein Beispiel aus meinem Berufsleben: Als MTA war ich Anfang der siebziger Jahren im klinisch-chemischen Labor eines Münchner Krankenhauses tätig. Zu meinem Job gehörte die Bedienung eines Analysegerätes, bei dem aus einer Serumprobe drei verschiedene Enzyme gleichzeitig bestimmt werden konnten (eine revolutionäre Neuerung, wurden diese doch zuvor in drei Arbeitsgängen manuell bestimmt). Ich erinnere mich noch zu gut an meinen inneren Widerstand, als man mich an dieses Gerät setzte. Ich hatte Angst davor, Fehler zu machen oder gar zu scheitern und empfand diese Tätigkeit schlicht als Zumutung und Schikane. Mir fehlte damals die Einsicht, dass mein Qualifikationsniveau in dem Maße steigen konnte, wie ich über neue Methoden verfügen würde. Das zu mir und meinem Widerstand. Es wäre sicher vernünftiger gewesen, wenn meine Vorgesetzte mir im Hinblick auf meine Tätigkeit die Vorzüge des neuen Gerätes für den Klinikablauf transparent gemacht hätte.

Wie können Sie Ihren Beitrag zu einem erfolgreichen Veränderungsmanagement leisten?

Die Bereitschaft, sich Veränderungen nicht prinzipiell entgegenzustellen, zeichnet beruflich erfolgreiche Menschen aus. Menschen, die Veränderungen scheuen, richten den Blick auf die Vergangenheit und nicht auf die Zukunft. Bewahren Sie sich eine kindliche Neugier und Unbefangenheit bei anstehenden Veränderungen. Fragen Sie sich, was für Sie schlimmstenfalls bei Veränderungen herauskommen kann. Oftmals ist es vielleicht wirklich „nur" die Erkenntnis, etwas Neues gelernt und neue Qualifikationen hinzugewonnen zu haben. Häufig entsteht Widerstand im Zusammenhang mit Veränderungen, weil Mitarbeiter um ihren Arbeitsplatz bangen. Sie verharren ängstlich und gelähmt wie das Kaninchen vor der Schlange. Begegnen Sie dem, indem Sie nicht die Hände in den Schoß legen und warten, was mit Ihnen geschieht. Bringen Sie sich selbst ins Spiel und beanspruchen Sie den Platz, der Ihnen zusteht. Übernehmen Sie für sich die Verantwortung, wenn Ihr Vorgesetzter sich nicht zuständig fühlt. Löchern Sie Ihre Vorgesetzten mit Fragen (Welche Ziele verfolgt dieses Projekt? Was bedeutet diese Veränderung für meine Position in der Firma?) und lassen Sie sich Verantwortung übertragen. Wenn Sie wissen möchten, wie hoch Ihre Veränderungsbereitschaft ist, beantworten Sie sich doch diese Fragen:

- Fasziniert mich Neues?
- Habe ich Visionen?
- Bin ich bereit, Risiken einzugehen?
- Muss ich mir meiner immer sehr sicher sein?
- Gestehe ich mir auch zu, Fehler zu machen?

Schlagen Sie auch nach bei

→ Fehlerkompetenz
→ Teamfähigkeit

Literaturhinweise

Edding, Cornelia. *Agentin des Wandels: Der Kampf um Veränderung im Unternehmen.* Gerling Akademie 2001

Mohr, Niko / Woehe, Jens M. *Widerstand erfolgreich managen: Professionelle Kommunikation in Veränderungsprojekten.* Campus 1998

Zielorientierung

Von einem Kunden hörte ich, dass er bereits als Zwölfjähriger auf die Frage: „Was möchtest Du einmal werden?“, mit stolzgeschwellter Brust gesagt hatte: „Ich werde einmal Generaldirektor.“ Dieser Satz löste damals stets allgemeine Erheiterung aus. Jahrzehnte später war aus dem Buben tatsächlich ein Generaldirektor geworden. Er war Inhaber eines mittelständischen Unternehmens mit 30 Mitarbeitern und hatte also tatsächlich sein Ziel erreicht. Ein anderes Beispiel: Während des Studiums lernte ich eine junge Frau kennen, die bereits mit 20 Jahren von ihrem Wunsch sprach, einmal ein Haus zu haben. Ich verfolgte ihren Werdegang und stellte fest, dass sie tatsächlich zielstrebig darauf hin arbeitete. Sie lebte bescheiden und verfügte über ein ansehnliches finanzielles Polster. Mit 30 besaß sie ihre Eigentumswohnung und 10 Jahre später wurde sie stolze Besitzerin eines Eigenheimes, das mittlerweile auch schuldenfrei ist. Lange bevor der Börsenwahn bei Normalverdienern ausbrach, hatte sie sich bereits mit Geldanlagen befasst und kam somit ihrem Wunschziel immer näher.

Was versteht man unter Zielorientierung?

Zielorientierung meint, das eigene Handeln auf persönliche Ziele hin zu orientieren und damit die richtigen Prioritäten zu setzen. Seneca, ein Philosoph aus dem alten Rom, sagte einmal: „Wer den Hafen nicht kennt, für den ist kein Wind ein günstiger.“ Wer kein Ziel hat, wird seinen Weg auch nicht machen, wird blind und richtungslos losrennen und muss mit dem zufrieden sein, was sich ihm bietet. Dies ist die Konsequenz fehlender Zielorientierung. Wem beispielsweise schon früh klar ist, dass er oder sie Führungsverantwortung übernehmen und international tätig sein will, besucht die entsprechenden renommierten Universitäten oder beginnt eine Ausbildung in einem Konzern und kümmert sich um seine Sprachkenntnisse. Ein Beispiel aus dem Privatbereich: Eine junge Frau, die Kinder haben möchte, tut gut daran, sich beizeiten einen Partner zu suchen, der nicht nur bindungsfähig, sondern auch kinderlieb ist. Wenn ihr Partner hingegen schon bei der leisesten Andeutung einer gemeinsamen Wohnung zusammenzuckt, von „Freiheit behalten" faselt, und auch nie etwas anbrennen lässt, sollte sie die Finger von ihm lassen und sich einen zuverlässigen Partner suchen.

Wer sich Ziele setzt und diese verfolgt, richtet seinen Blick stets nach vorn, auf Dinge, die noch beeinflussbar sind. Im Gegensatz dazu wird derjenige, der bedauert, in der Vergangenheit Fehler gemacht zu haben, diese nicht mehr beeinflussen können. Ziele haben, bedeutet auch Kräfte bündeln, Wesentliches vom Unwesentlichen unterscheiden und auch genau feststellen können, wo man steht.

Wie sollten Ziele beschaffen sein?

Wenn Ziele wirklich handlungsleitend sein sollen, müssen sie bestimmten Kriterien folgen. Dazu eine Frage: Handelt es sich bei den folgenden Aussagen um Ziele?

- Ich will mich in Zukunft weniger von meinem Chef ausbeuten lassen und mehr für mich selbst tun!

- Ich will zukünftig mehr in meine Weiterbildung investieren!

Die Smart-Formel hilft Ihnen dabei herauszufinden, ob Absichtsbekundungen auch wirklich Erfolg versprechende Zielformulierungen sind. Ziele sollten wie folgt beschaffen sein:

- „S" wie spezifisch: Was genau soll erreicht werden?

- „M“ wie messbar: In welcher Zeit, soll wie viel erreicht werden?
- „A“ wie ausführbar und attraktiv: Lässt sich das Ziel erreichen und lohnt es sich überhaupt für mich?
- „R“ wie realistisch: Wurden die Rahmenbedingungen beachtet?
- „T“ wie terminierbar: Wann soll das Ziel erreicht sein?

Zurück zur Frage, ob es sich um Ziele handelt. Die Antwort ist Nein, denn handlungsleitende Ziele hätten beispielsweise so ausgesehen:

- Ab dem 01.01.2003 werde ich in Abstimmung mit meinen Kolleginnen und meiner Vorgesetzten nur noch maximal 30 Stunden pro Woche arbeiten und in der hinzugewonnenen Zeit einen Englischkurs belegen und in einem Fitnessstudio zweimal wöchentlich je eine Stunde trainieren.
- Da ich beabsichtige, innerhalb der nächsten fünf Jahre eine Führungsposition einzunehmen, ist es mein Ziel, meine Führungsqualitäten durch Seminare zu Themen wie Mitarbeitergespräche, Konfliktmanagement und Zeitmanagement zu erweitern. Pro Jahr werde ich mindestens zwei Veranstaltungen besuchen.

Aus meiner Tätigkeit als Trainerin kenne ich Menschen, die jahrelang von einer Fort- oder Weiterbildung zur nächsten huschen. Hier ein Zertifikat, da eine neue Technik. Hauptsache Action und das „gute“ Gefühl, man bildet sich. Es will alles nicht zusammenpassen und man erkennt keine Strategie dahinter. Und vor allem: Vor lauter Seminaren kommen sie nicht dazu, sich in der Ausübung ihrer Fertigkeiten zu beweisen. Von handlungsleitendem Ziel also keine Rede.

Was spricht für, was spricht gegen Ziele?

Gewiss, es geht auch ohne Ziele. Ziellos sein, heißt nicht automatisch scheitern. Welche Vorteile kann es haben, kein Ziel zu haben? Es gibt einige, zumindest vordergründig.

- Wenn ich kein Ziel habe, muss ich keine Entscheidungen treffen, zum Beispiel Nein sagen und damit etwas abwählen, oder Ja sagen und mich festlegen.
- Ich komme nicht in die Verlegenheit, eine gefällte Entscheidung zu bedauern, da sie falsch war.
- Ich muss nicht blindlings meine Zukunft planen und auch keine Ungewissheit ertragen.

Genau betrachtet, haben Ziele viele positive Aspekte:

- Sie geben meinem Leben Richtung und strukturieren es.
- Ich weiß, was ich will.
- Ich muss nicht zu allem Ja und Amen sagen, wenn es nicht zu meinem Ziel passt.
- Ich verzettele mich nicht.
- Ich habe etwas, auf das ich hinarbeite und worauf ich mich freuen kann.

Wer sich mit der Biographie von Spitzenmanagern befasst, wird feststellen, dass diese in der Regel schon sehr früh definierte Vorstellungen von ihrer Laufbahn hatten und nicht zufällig ausgewählt wurden, weil gerade ein Posten frei war. Bereits 1953 startete man an der amerikanischen Elite-Universität Yale eine Langzeitstudie, in der Studenten eines Jahrgangs zu ihren Lebens- und Karrierezielen befragt worden waren. Lediglich drei Prozent hatten damals schon konkrete Vorstellungen. Und – oh Wunder – in einer Folgebefragung 20 Jahre später waren es diese drei Prozent, die echte Karrieren gemacht hatten. Die anderen waren durchschnittlich geblieben. Fehlende Ziele können übrigens Spätfolgen haben. Man weiß aus Befragungen älterer Menschen, dass sie nicht bereuen, im Leben Fehler gemacht zu haben, aber darunter leiden, wenn sie bestimmte Dinge in ihrem Leben nicht gemacht haben.

Schlagen Sie auch nach bei

→ Führungskompetenz

Literaturhinweise

Bolles, Richard N. *Durchstarten zum Traumjob: Das Bewerbungshandbuch für Ein-, Um- und Aufsteiger.* Campus 2000

Simon, Walter. *Ziele managen: Ziele planen und formulieren, zielgerichtet denken und handeln.* Gabal 2000

Gedanken zum Schluss

Sie haben sich Zeit für das Thema „Soft Skills“ genommen. Vielleicht haben Sie das ganze Buch gelesen, vielleicht auch nur einzelne Stichworte, die Ihnen wichtig erschienen. Während ich diese Zeile verfasse, überschlagen sich die Negativmeldungen aus der Wirtschaft. Schenkt man all diesen Glauben, so versinkt Deutschland demnächst im Chaos. Dass die Dinge bei circa vier Millionen Arbeitslosen, unendlich vielen Pleiten und Firmenzusammenbrüchen nicht gut bestellt sind, wird jedem klar sein. Angesichts dessen möchte man vielleicht den Kopf in den Sand stecken oder gar sich selbst aufgeben, wenn man die Kündigung erhält oder die Bewerbungsunterlagen mit einem freundlichen Absageschreiben wieder im Briefkasten stecken. Das jedoch bringt uns keinen Schritt weiter.

Man mag sich fragen, ob ein Buch zum Thema „Soft Skills“ in solchen Zeiten überhaupt Sinn macht. Ich denke, ja. Je schlechter die wirtschaftliche Lage nämlich ist, umso wichtiger sind gerade dann Fertigkeiten, die Sie von anderen Mitbewerbern unterscheiden und die Ihnen darüber hinaus dabei helfen, das Heft selbst in die Hand zu nehmen. Mit Soft Skills gelingt der Brückenschlag zwischen diesen beiden Polen. Mir war es wichtig, zu erklären, was man unter den einzelnen Soft Skills versteht, und Ihnen auch zu zeigen, wie Sie sich die jeweiligen Fähigkeiten aneignen können. Denn nicht jeder hat das Glück, sozial kompetent auf die Welt zu kommen und in einem Umfeld aufzuwachsen, in dem man bereits als Kind und Jugendlicher all das lernt, was einem später im Beruf (und auch im Privatleben) auf der zwischenmenschlichen Ebene nützlich ist. Ich wünsche Ihnen deshalb viel Freude und Erfolg bei der Umsetzung der neuen Einsichten!

Über die Autorin

Die Diplompsychologin Ulla Dick arbeitet seit über 15 Jahren als Managementtrainerin. Zu Ihren Kunden gehören Unternehmen, Ministerien und Verwaltungen in ganz Deutschland. Ihre Spezialthemen sind Networking und Mentoring, Burnout-Prophylaxe und Mobbing. Letzterem gilt seit 1993 ihre besondere Aufmerksamkeit: Als Beraterin für Geschäftsführungen und Betriebsräte und als Mediatorin setzt sie sich für die Lösung von Mobbing-Problemen ein.

Ulla Dicks erstes Sachbuch, „Netzwerke und Berufsverbände für Frauen“, erschien 1994. Weitere Ratgeber zu Businessthemen folgten: Unter anderem die Titel „Erfolgreicher Berufsstart“ sowie „Keine Angst vor Mobbingfallen“ im Jahr 2001.

Sie erreichen Ulla Dick über ulla.dick@t-online.de.

Die Königsdisziplin der Soft Skills:

Elisabeth Mehrmann
Schneller zum Ziel durch klare Kommunikation
Profitipps für den beruflichen Alltag
Preis: € 14,80
ISBN: 3-8214-7619-2

Weitere Titel aus der Reihe **jobs ▪ business ▪ future** :

Robert Bauer / Tillmann Philippi
Einstieg ins E-Learning
Die Zukunftschance für beruflichen
und privaten Erfolg
Preis: € 14,80
ISBN: 3-8214-7608-7

Jürgen Behrens
Erfolgsfaktor Qualitätsmanagement
Kundenzufriedenheit und Wirtschaftlichkeit –
Beispiele aus der Praxis
QMS-Organisationsvorlagen auf CD-ROM
Preis: € 19,80
ISBN: 3-8214-7605-2

Ariane Charbel
Schnell und einfach zur Diplomarbeit
Der praktische Ratgeber für Studenten
(2. Auflage)
Preis: € 14,80
ISBN: 3-8214-7616-8

Erfolg in der IT-Branche
Green Card & Co – Aus- und
Weiterbildungen im Überblick
Preis: € 17,80
ISBN: 3-8214-7600-1

Heike Galensa / Vera Warnecke
Jobbörse Internet
1001 Top-Adressen
Preis: € 14,80
ISBN: 3-8214-7609-5

W. Timothy Gallwey
Erfolg durch Selbstcoaching
Mit der Inner-Game-Methode zu mehr Balance im Beruf
Preis: € 14,80
ISBN: 3-8214-7613-3

Christian Maier
Spielraum für Wesentliches
INNER GAME – ein Weg zur Entdeckung
der eigenen Potenziale
(2. Auflage)
Preis: € 14,80
ISBN: 3-8214-7614-1

Birgit Mandel
Lust auf Kultur
Karrierewege in das
Berufsfeld Kulturvermittlung
Preis: € 14,80
ISBN: 3-8214-7617-6

Joyce Martin
Erfolgreiches Personalmanagement
nach dem Modell der vielfachen Intelligenzen
Aus dem Englischen von Astrid Ogbeiwi
Preis: € 24,80
ISBN: 3-8214-7610-9

Dieter Mueller-Harju
Kompass 50 plus
Perspektiven für den beruflichen
und persönlichen Neubeginn
Preis: € 14,80
ISBN: 3-8214-7607-9

Stephanie Müller
Kind + Computer
Ein Ratgeber für Eltern und Erzieher
Preis: € 14,80
ISBN: 3-8214-7604-4

Elke Pohl
Nie mehr Stress im Job
100 Tipps für entspanntes Arbeiten
Preis: € 14,80
ISBN: 3-8214-7611-7

Elke Pohl
Karriere-Knigge
100 Tipps für gekonntes
Auftreten im Berufsleben
(2. Auflage)
Preis: € 14,80
ISBN: 3-8214-7615-X

Klaus Siebenhaar (Hrsg.)
Karriereziel Kulturmanagement
Studiengänge und
Berufsbilder im Profil
Preis: € 14,80
ISBN: 3-8214-7612-5

Olaf Zimmermann/
Gabriele Schulz
Traumberuf Künstler
Kreativität leben – finanzielle
Sicherheit erreichen
Preis: € 14,80
ISBN: 3-8214-7618-4